T0280082

*Eso no estaba en mi libro
del Athletic Club*

JUANMA VELASCO y BORJA BILBAO

Eso no estaba en mi libro del Athletic Club

ALMUZARA

Editorial Almuzara • Colección Historia
Director editorial: Antonio Cuesta
Editora: Ángeles López
Corrección: Mónica Hernández
Maquetación: Joaquín Treviño

Imágenes cedidas por: Foto Cecilio. Archivo Athletic Club Museoa

www.editorialalmuzara.com
pedidos@almuzaralibros.com - info@almuzaralibros.com

Editorial Almuzara
Parque Logístico de Córdoba. Ctra. Palma del Río, km 4
C/8, Nave L2, nº 3. 14005 - Córdoba

Imprime: Black Print
ISBN: 978-84-11315-61-6
Depósito legal: CO-399-2023
Hecho e impreso en España - *Made and printed in Spain*

Índice

Nota de los autores

Cuando nos pusimos en marcha para comenzar este proyecto nos apasionó poder escribir un libro sobre el Athletic, pero sobre todo nos ilusionaba saber que al hacerlo nos permitiría recordar muchos momentos vividos a lo largo de nuestra relación con el club, bien como niños que llenos de ilusión debutamos en 'la general' donde nos dejaban estar en las primeras filas para poder ver algo, bien como aficionados de calle, como periodistas cubriendo la información día a día o incluso desde dentro, en mi caso, como primer jefe de prensa del club.

Recuerdos, anécdotas, e historias de este singular club, y, cómo no de aquellos que sin llegar a vestir la camiseta también son el Athletic dan forma a este libro, hacerlo no ha sido todo lo sencillo que pareciera al comenzar, pero algunas 'colaboraciones' de compañeros, de jugadores no en activo, porque en el Athletic no hay exjugadores quien jugó en el primer equipo será jugador del Athletic de por vida, y de muchas otras personas han hecho que pudiéramos entregar el libro a tiempo para que, esperemos lo disfrutes.

Queremos mencionar muy especialmente a Jon Rivas, amigo y compañero, que nos ha contado algunas de los mejores 'sucedidos' y a Ángel Pereda y en su nombre a El Correo y a sus grandes fotógrafos con los que hemos podido ilustrar las palabras.

Ya, antes del final de esta introducción, decir que hemos querido ordenar los capítulos de forma que permita un cierto argumento, pero nos ha resultado imposible, y es que el argumento es el Athletic.

Finalmente decir que todas y cada una de las palabras que hemos escrito están hechas desde el cariño al club, a las personas que mencionamos y a los que no mencionamos y, que si alguno cree que no hemos sido tan rigurosos como les hubiera gustado y se ha sentido ofendido o molesto, que nos disculpe, que nunca fue nuestra intención.

La Campa de los Ingleses

San Mamés mira a la ría. Ahora y siempre. La ría y el Athletic firmaron tiempo atrás un idilio perpetuo porque una de sus mareas trajo el fútbol a Bilbao y bautizó con nombre británico a un club que cumple su 125 aniversario y que es recurrente ejemplo de tradición y singularidad. El Athletic, que en tiempos de recortes de libertades tuvo que responder por Atlético, se gestó a orillas de una ría que en el último tramo del siglo XIX vivía del mineral y de la industria, repleta de cargaderos y un transitar de vagones de ferrocarril para atender a las fábricas siderúrgicas de reciente construcción y a los barcos que esperaban para su transporte a otros países. La ría de Bilbao cambió entonces el perfil de una ciudad que fue creciendo a la par que se originaban nuevas fábricas, se edificaban viviendas para trabajadores y zonas residenciales e incluso la carta de la villa anexionaba territorios. Abando, ahora distrito de referencia histórica de la ciudad, se hizo bilbaíno solo 8 años antes que el Athletic se fundase como institución deportiva.

La margen izquierda de la ría del Nervión se convirtió en un abigarrado parque empresarial. Oscuro, tiznado de mineral y de hollín, de unas chimeneas industriales que humeaban en todo momento. El contexto social era de conflicto con varias huelgas en la última década del siglo XIX porque los trabajadores exigían derechos. Los mineros sufrían el abuso de sus patronos con jornadas de 12 horas y la obligatoriedad de comprar alimentos y bebidas en las cantinas de la explotación, que eran negocios que pertenecían a los capataces y sus precios de venta estaban por encima de mercado. En la ribera de la ría el asunto no era mucho más cómodo, pero la siderurgia ofrecía más oportunidades que la mina y fueron muchos los que trasladaron oficio y residencia.

Y en esas, llegó el fútbol a Bilbao. Hizo el camino inverso al de los minerales y los productos de siderurgia. Llegó de los barcos a los muelles. A la Campa de los Ingleses. Cualquier visitante del Bilbao del siglo XXI que se acerque al Guggenheim, icono de la transformación de una ciudad que en ese tramo de la ría encierra otras maravillas como el Euskalduna o la Universidad de Deusto, puede dar una vuelta por un parque que el Ayuntamiento de Bilbao bautizó con el viejo nombre y colocó una placa de reconocimiento.

La Campa de los Ingleses, de origen, fue un cementerio británico, pero en el último tercio del siglo XIX perdió su función —hubo un traslado de este— porque el tráfico comercial entre Bilbao, como gran puerto del norte peninsular, y Gran Bretaña hizo que en la ría se instalase una veintena de compañías británicas y el trasiego de barcos ingleses, escoceses e irlandeses era constante. Tanto que aquellas campas del viejo cementerio inglés se convirtieron en parte de los muelles. Pero los británicos encontraron el camino del disfrute y marineros y también algún encargado, de las distintas navieras y compañías comerciales, muchos de ellos provenientes de barcos Mac

La Campa de los Ingleses en Abando a finales del siglo XIX.

Andrews, aprovecharon los terrenos para jugar al *football*, deporte novedoso en Bilbao y en los alrededores, que solo alcanzaban a conocer los jóvenes vizcaínos de buena posición a los que sus familias enviaban largas temporadas a estudiar a colegios referenciales de Gran Bretaña, la mayoría en los alrededores de Londres.

Los partidos entre marineros y trabajadores de navieras y comerciales británicas se convirtieron en tradición para solaz de los que se entretenían en verlo, que todavía eran pocos. Entre el distinguido público había vizcaínos que se atrevieron pronto con el juego, aunque entonces eran pocos los que habían visto competir en un torneo oficial. El primer campeonato de fútbol registrado es la FA Cup, que vio la luz en 1871 entorno a escuelas privadas de Londres que se fue extendiendo por todo el país y en 1883 tuvo como ganador al Blackburn, que fue el primer equipo del norte en hacerlo. El juego tomó vuelo bien pronto y antes del cambio de siglo ya se organizaban en equipos profesionales.

Ese *football* aterrizó en la Campa de los Ingleses y en 1894, apenas un mes antes de que se fundara en París el Comité Olímpico Internacional, las crónicas del tiempo destacan que se jugó el primer partido de *football* entre bilbaínos y británicos, con triunfo de estos últimos por 5-0. La disputa fue tan amistosa que dicen las reseñas de la época que los vencedores, no se sabe si pagando de su bolsillo o tirando de la caja de la naviera, cosa que en el fondo pareciera ser lo mismo, porque muchos de los jugadores bilbaínos eran hijos de socios locales de compañías comerciales londinenses. Lo que si quedo reflejado es que invitaron a los derrotados a un menú a base de pollo asado.

El *football* ya tenía traducción fonética. Fútbol. Y la semilla germinó en Bilbao en la Sociedad Gimnástica Zamacois. Localizada en la calle Ibáñez de Bilbao, frente a la Comandancia Naval, tenía más de club social que de lo que conocemos ahora como gimnasio. Baste el acta fundacional para ilustrarlo: «Primer artículo: fomentar la educación física. Segundo artículo: número de socios ilimitado. Tercer artículo: hay fundadores de número y aspirantes, también puede haber socios honorarios. Los socios fundadores son los que ocupan los treinta primeros números, por riguroso orden de antigüedad. Nos saltamos el cuatro para llegar al quinto, que dice que los socios fundadores serán copropietarios proindiviso de todos los bienes, derechos y acciones, y que para ser socio tienen que tener cumplidos los 17 años, la cuota de entrada será de 15 pesetas y la mensual de 3 pesetas y una extraordinaria, servicio duchas 2 pesetas, en el artículo cuarenta y nueve queda prohibido tomarse dos o más duchas al mismo tiempo.

La junta directiva se compone de un presidente, vicepresidente, tesorero-contador un secretario y cuatro vocales, en las excursiones y paseos se elige a uno en concepto de capitán para dirigir a los socios. El que se apunte a un concurso y no asista sin causa justificada, será multado con un mínimo de 10 pesetas y un máximo de 25 pesetas que ingresarán en la caja de la sociedad. Se prohíbe dentro del local de la sociedad toda discusión sobre asuntos de religión o política, proferir blasfemias o ejecutar actos indecorosos, en el artículo sesenta se prohíbe toda clase de juegos de azar y rifas».

Deme las que tenga, que me las llevo

La Campa de los Ingleses era reducto británico y los avezados *sportsmen* bilbaínos del Zamacois que querían jugar al fútbol bajaron la ría y se instalaron en Lamiako, que para entonces era un lugar de tradición deportiva gracia a la sociedad Viuda de Máximo Aguirre e hijos, que había transformado una granja agropecuaria en un complejo con hipódromo, campos de fútbol, tiro y polo, con una extensa zona dedicada a terreno industrial.

En esos tiempos de transformación alrededor de la ría los Aguirre levantaron una barriada y unas escuelas, que poco tiempo después fueron núcleo social de los trabajadores de la Vidriera, la Camera Española y la Delta Española, años más tarde fué conocida como la Earle, tomando el nombre del impulsor de La Delta Española.

En uno de aquellos campos los gimnastas del Zamacois hicieron habituales sus partidos, que en más de una oportunidad cerraban con una tarde de paseo y playa en Las Arenas. Disfrutaban con su fútbol, pero querían mayor distinción que un juego de amigos de una determinada sociedad.

En 1898 levantaron acta fundacional del Athletic, que ya era su club y el equipo con el que se medían a ingleses y a otros vecinos de la ciudad y de los pueblos de alrededor. Les dio por el fútbol como podía haberles dado por el polo o el cricket, que fueron los deportes en que pudieron profundizar en sus tiempos de estudiantes. Buena parte de los integrantes del Zamacois o los futbolistas improvisados y sin escudo que disputaban sus partidos en Lamiako pertenecían a la burguesía vizcaína de la época y se habían instruido en el comercio o la ingeniería en colegios anglosajones, donde el fútbol era una revolución desde la confirmación de la FA Cup.

El fervor futbolístico acarreó pronto el primer derbi de entidad. La fundación al inicio del siglo del Bilbao Football Club, que igual que su club rival, el Athletic que estaban formado por jóvenes de posibles, en este caso de Las Arenas y de Neguri, junto con británicos asentados en reconocidas profesiones de la ciudad.

Pero, tanto Athletic como Bilbao, tuvieron una corta vida de rivales porque en 1903 el Bilbao decidió integrarse en el Athletic. Si bien antes se habían cruzaron en un campo de juego varias veces de lo que hay constancia en periódicos y gacetas de la época.

Uno de esos partidos entre Athletic y Bilbao, un año antes de la integración, queda como el primer partido de fútbol de pago que hubo en territorio vizcaíno. 30 céntimos de peseta por entrar en Lamiako. Hasta ese día, los gastos de arrendamiento

El primer Athletic vestía de azul y blanco
y en sus filas formaron varios británicos.

del campo corrían a cargo de los dos clubes. Tenían tan buena relación que circunstancialmente unieron sus fuerzas en el Bizcaya, con el que además de la Copa Coronación jugaron dos partidos internacionales ante el Burdigala francés. Los vizcaínos ganaron 0-4 en el campo bordelés y en la vuelta, ante casi 3000 espectadores, arrollaron por 7-0.

Así que desde 1903 el Athletic Club había crecido aunando jugadores y directivos del Bilbao. La fusión le llegó con la segunda directiva del club. El primer presidente fue Luis Márquez Marmolejo, onubense casado con alavesa que desempeñó en varios negocios y llegó a ser administrador de Cementos Cosmos, empresa de accionariado bilbaíno. Márquez fue elegido presidente por los 33 miembros del emergente club que se reunieron en el café cervecería García de la Gran Vía para dar forma en 1901 al escrito fundacional de un club que ejercía como tal desde 1898 pero que necesitaba el refrendo societario. Allí estuvieron, entre otros, Luis Márquez, Juan Astorquia, que fue el segundo presidente, Alejandro Acha, Eduardo Montejo y Enrique Goiri. Eran espejo del fútbol británico y los directivos eran a la vez futbolistas y discutían sobre las reglas del juego. Astorquia, presidente entre 1902 y 1903, fue el primer capitán del club.

¿Los imagina corriendo con sus camisetas rojiblancas y después de ducharse vistiendo traje largo y sombrero? Borre semejante ensoñación. No por los trajes y el sombrero, sino por las camisetas. En origen, el Athletic vestía de azul y blanco. Clavadito al Blackburn. Un capricho de sus fundadores, que entonces no atendían a la trascendencia posterior del club que desde 1910 viste acorde a los colores de la bandera de su ciudad. El salto cromático se lo deben a Juan Elorduy, un joven bilbaíno y rico heredero que fue a pasar a Londres las vacaciones de Navidad de 1909. Elorduy jugaba en el Atlético, fundado por estudiantes bilbaínos en Madrid siendo algo así como una sucursal del club vizcaíno en la capital puesto que muchos de los que jugaron allí luego terminaron en el Athletic.

Elorduy viajó de Madrid a Bilbao con tiempo para entrevistarse con los buenos amigos que tenía en el Athletic antes de tomar un barco hacia Southampton. Y de allí, en tren hasta

Londres. Los jugadores y la directiva del Athletic le hicieron un encargo de 50 camisetas blanquiazules, al estilo Blackburn, porque las que utilizaban hasta la fecha estaban muy desgastadas. Querían las inglesas porque, lo sabían bien, estaban forradas de una fina felpa y elaboradas con un material que no desteñía.

El encargo no entrañaba dificultad alguna porque Elorduy tenía claro el lugar en el que comprarlas. Pero Londres tiene otros encantos. Tantos que Elorduy dejó el recado para el final y cuando acudió a la tienda en la que creía no iba a fallar le dijeron que no había tantas camisetas del Blackburn. No le daban ni para formar un equipo.

Lejos de desesperar, Elorduy se subió a un tren con destino a Southampton, donde tenía que tomar el barco, convencido de que en alguna tienda de la ciudad cerraría su cometido. No las hubo, pero estuvo rápido cuando decidió llevarse 50 camisetas del Southampton, el club local, que vestía a rayas rojiblancas. En el fondo, esos eran los colores de Bilbao.

San Mamés, La Catedral

Cuando la Campa de los Ingleses se quedó en desuso, se pensó que el Athletic necesitaba un campo, por supuesto en la ciudad, pero también un poco alejado por lo que aquellas campas cercanas a la recién construida Casa de Misericordia eran las ideales. Y, así en el año de 1900 se comenzó a construir una, muy británica tribuna de madera para que jugaran aquellos bravos muchachos.

Si la campa elegida estaba junto a la Capilla del Santo Mames, aquel que en el coliseo romano se comieron los leones, pero solo después de haberlos apaciguado frente al emperador que le había condenado por ser cristiano, hizo que los que mostraran fiereza en el campo de San Mamés fueran 'los leones' y así quedaron bautizados para la eternidad.

Poco después aquella campa fue siendo algo más, tanto que los pintores de la época la plasmaron en un brillante lienzo llamado *Escenas de amor en los campos de sport* y los que solamente eran jugadores de *football* se comenzaron a convertir en ídolos. Rafael Moreno Pichichi el goleador era el referente, que con sus hazañas frente a la puerta contraria unidas al ardor de sus compañeros pronto convirtió aquellas campas en «los campos de sport» donde se jaleaban a los nuevos ídolos.

Y quiso la mala fortuna que, dicen que una ostra en mal estado acabara con la vida del goleador, del gran león, Rafael Moreno. Esto y las ya mencionadas hazañas tanto de sus goles como las de aquellos hombres, compañeros del juego, comenzaron a crecer.

El busto de Pichichi que representa a todos y cada uno de los leones ha servido desde su colocación como referente, así cuando un equipo hace su debut en La Catedral ofrece un ramo de flores al referente que elevó aquella campa en los terrenos del santo, al título por el que se le conoce mundialmente.

Los vestuarios colocados en ambos extremos de la tribuna principal eran la salida al campo de los equipos, por un lado, el de Misericordia los leones, por el otro lado, el de Ingenieros, el del rival de turno que no solo se enfrentaría con aquellos once jugadores sino también con otros factores que poco a poco convirtieron aquella campa en una fortaleza, muchas veces inexpugnable.

La hierba, muy inglesa, dicen que era tan inglesa que su tipo era *golf and track grass* bien cuidada, pero que fueron muchos los años sufriendo entrenamientos, lluvias, partidos y, como no, las famosas palomas que se hicieron fuertes en los techos de la tribuna y se organizaban para comerse todas las semillas que con dedicación sembraba Cengotita.

La general, mítica tribuna al estilo inglés, atacada por el sol de la tarde donde se concentraba la afición más ruidosa y la que llevaba al equipo en volandas. Ver el fútbol en la general era un poco más que ver el fútbol.

Vieja grada de Tribuna Principal en San Mamés.

La tribuna de Garay, la tribuna principal, con su planta baja y alta rematada por el mítico arco de San Mamés que la sujetaba y bajo ella los hombres que eran la representación del poder del club, los socios con derecho a asiento, los de las familias que durante años fueron los que dirigieron el club y un poco más abajo la grada de preferencia que era como aquella tribuna, pero en versión popular.

A los lados, la Misericordia, la portería en que se atacaba la segunda parte porque era la elegida por el capitán del club para defender en primer lugar, y frente a ella la de Ingenieros, la que algunos avispados capitanes del equipo contrario osaban pedir como zona de ataque en la segunda parte solamente con el ánimo de revertir la superstición.

Y, aquella hierba, aquellas tribunas comenzaron a ser testigos de las hazañas de las nuevas generaciones de leones, que curiosamente tenían como ídolos a porteros; Lezama, Carmelo, Iribar… extremos izquierdos; Gorostiza, Gainza, Txetxu Rojo… delanteros de raza; Bata, Telmo Zarra, Fidel Uriarte… magos del balón… Panizo, Clemente, Julen Guerrero… sin olvidar que junto con ellos había muchos más, y así entre todos La Catedral era cada domingo la fortaleza que aquellos leones defendieron.

Y, de repente, La Catedral casi nos lleva al infarto.

El país crecía y junto ese crecimiento la banca necesitaba hacerse más fuerte y así comenzaron las fusiones y un buen día, la fusión de las dos cajas; la Caja de Ahorros Municipal de Bilbao y la Caja de Ahorros Vizcaína nos dejó de interesar como fusión, por muy importante que fuera para la economía más cercana. Entre los documentos de la fusión se encontraba el documento de propiedad de San Mamés, que no era del Athletic Club, era de la Caja de Ahorros Municipal de Bilbao, si bien era cierto que la propiedad solo se refería al suelo, no al edificio, pero aun así aquello conmocionó a los fieles seguidores del Athletic. La conmoción en algunos casos llegaba a ser casi un sentimiento de vergüenza. Toda la vida fardando de campo y resulta que no era nuestro. Todas las bilbainadas que habíamos dicho a lo largo de los años eran ahora un *boomerang* que nos amenazaba.

¿Cómo pudo ocurrir? Explicarlo sería lo más sencillo, contarlo sería lo más adecuado y tranquilizar a 'la parroquia' seria vital.

El Athletic había pedido un crédito justo antes de la guerra para construir una nueva tribuna, y se le concedió, pero quiso la guerra que no pudiera hacerse frente al pago, por Io que había que buscar la fórmula más adecuada de devolución, algo que era preciso realizar para no poner al club en más riesgo que el que ya suponía la situación de postguerra y de penurias que se vivían.

Enrique Guzmán, un presidente con nombre entre las familias llamadas de Neguri y poder negociador logró que la caja aceptara el no pago, quedándose con el terreno, que siempre que albergara el campo de San Mamés sería 'propiedad' del Athletic, pero que dejaría de serlo si el Athletic moviera su campo a otro lugar. Una solución inteligente y sencilla que permitiría el club ser dueño y señor de La Catedral.

Y, llegó el día en el que el viejo San Mames se convirtió en el lugar donde dejamos los más bellos recuerdos de nuestro amor por el club para, dando un giro de noventa grados, y sin dejar de ser La Catedral, ni San Mamés entrar en el Olimpo de los campos más bellos del mundo.

Historias de amor en los campos de sport

Pichichi y Avelina. Cercanos y admirándose. Quién sabe si él, antes o después de jugar un partido, la que si estaba allí era ella, fiel a las andanzas futbolísticas de su pareja. Pichichi y Avelina quedaron para siempre unidos antes de su matrimonio en los pinceles y el lienzo de Aurelio Arteta (1874-1940), que bautizó su cuadro con un resonante *Idilio en los campos de sport*, cuyo original pertenece al Athletic, que lo cede gustosamente para distintas exposiciones en museos y retrospectivas. La historia de Pichichi y Avelina encanta por la trascendencia del mito, pero hay otras opiniones que descartan a la pareja como protagonistas de un cuadro que dicen refleja el romance de José Mari Belauste y Dolores Zuloaga, sobrina del reconocido pintor Ignacio Zuloaga, que además era contemporáneo de Arteta. El guiño encaja, pero ajusta más la sintonía que los inmortalizados fueran Pichichi y Avelina.

La ocasión y motivación del cuadro no se discutían en Arteta, que era un admirador del fútbol y había realizado obras con motivos del juego, siendo la firma del cartel anunciador de la inauguración de San Mamés. No era su primer trabajo para el club. Los analistas del lienzo añaden que el *Idilio en los campos de sport* es un refuerzo de la tonadilla del himno, que en aquella época decía «en España entera triunfa la canción del ¡Alirón! Y no hay chico deportista que no sepa esta canción. Y las niñas orgullosas hoy le dan su corazón a cualquiera de los once del Athletic campeón. ¡Alirón! ¡Alirón! El Athletic es campeón».

El mítico Alirón rojiblanco tiene su origen en las minas de las cuencas de los alrededores de Bilbao. El mismo mineral que nos trajo el fútbol nos trajo la forma tan peculiar de animar.

Los mineros, cuando en encontraban una veta de mineral llamaban la atención de los ingenieros británicos con dos palabras en inglés, posiblemente las únicas que conocían y que
eran las que más alegría les producía porque mostraban su orgullo por el acierto al encontrar el preciado mineral, *all iron*
aquel 'todo hierro' que mostraba la alegría de aquellos hombres acabó en una curiosa contracción Aliron que sirvió para
mostrar alegría y orgullo por los éxitos del equipo.

Cuadro de Aurelio Arteta. «Idilio en los campos de Sport».

El cuadro de Arteta engrandece el simbolismo del club. Y también ofrece detalles abiertos a la discusión de contexto y oportunidad. ¿Por qué vestía pantalón azul? La obra se data en 1920, aunque es posible que se pintase años antes. Para entonces, el Athletic ya vestía pantalón negro, pero hubo un tiempo anterior, entre 1913 y 1915, en el que el equipo alternó en ocasiones con los pantalones de color azul —según documenta Josu Turuzeta en la obra *El Athletic Club. El origen de una leyenda o cuando el león era aún cachorro*. Esa peculiaridad en el color de los pantalones deja la opción de que el cuadro sea anterior a 1917 o, por qué no, que a Arteta le gustase más combinación en azul porque, si observa la obra, no hay nada negro en el lienzo.

¿Y el campo? San Mamés se inauguró en 1913 y debería estar pintado allí, pero las colinas que aparecen en uno de los laterales hacen complejo ubicarlo en el solar del viejo estadio y sí se asemeja más al paisaje próximo a los anteriores campos de Jolaseta o Lamiako. No hay que desdeñar que Arteta optase por trasladar lo que había encuadrado en San Mamés a un terreno propio de su imaginación, sin la necesidad de asociarlo a un relato fiel. El caso es que Arteta llevó a futuro una imagen ligada por siempre al Athletic, Pichichi y Avelina. De aquella unión nació una hija, Isabel, que con los años ejerció de profesora en el Instituto Miguel de Unamuno. Curiosamente Rafael Moreno era sobrino nieto del ilustre rector de la Universidad de Salamanca e hijo de Joaquín Moreno que fuera Alcalde de Bilbao en los años 1896 y 1897.

Aurelio Arteta, el firmante del cuadro, nació en Bilbao y murió en México, donde vivía exiliado, tras sufrir un accidente de tranvía. El pintor bilbaíno, Premio Nacional de Pintura (1930) y fundador de la Asociación de Artistas Vascos, recibió formación en la Real Academia de Bellas Artes de San Fernando (Madrid) y en los primeros años del siglo XX fue becado por la Diputación Foral de Bizkaia para completar estudios en París, donde estuvo muy próximo a los revisionistas de Toulouse-Lautrec, con una reconocida influencia en su obra entre 1917 y 1923, que fue cuando pintó *Idilio en los campos de sport*. En esa etapa Arteta abundaba en los paisajes urbanos y el realismo social.

Le encantaba el fútbol y el Athletic, pero la Guerra Civil le llevó lejos de San Mamés. Pasó por Valencia, donde participó en un mural para el gobierno vasco, y Barcelona antes de iniciar un periplo por varias ciudades francesas y recalar en México a bordo del Sinaia, un barco que realizaba habitualmente el trayecto Marsella-Nueva York pero que en tiempos de guerra española trasladó a expatriados contrarios al régimen desde Séte, a 175 kilómetros de la frontera de La Jonquera, hasta el puerto mexicano de Veracruz.

La pintura y el Athletic tuvieron una estrecha ligazón en los comienzos del siglo XX y también con motivo del centenario. Poco tiempo antes que Arteta pintase murales y cuadros para el club el Athletic también había contratado los servicios de José Arrué, con temáticas costumbristas y festivas. Entre los años 70 y 90 el pintor de cabecera en el club fue el bilbaíno Ignacio García Ergüin, que en 1976 solventó con acierto un encargo de 15 murales para el Athletic después de ser uno más en la expedición en los partidos de aquella temporada para transmitir en trazo y color todo lo que sentía.

En 1988 fue más lejos y dio forma al logo del centenario además de concebir una obra, que el club entregó en láminas a sus socios, en las que aparecen un futbolista de los inicios del Athletic, todavía vestido de azul y blanco, abrazado a un jugador del momento, luciendo camiseta y señera del centenario.

Los 50 iguales y el San Lorenzo

La proyección social de un club va mucho más allá de lo que digan sus resultados. Lo primero puede con lo segundo. Prestancia, presencia y capacidad. El Athletic la tiene. Es un club sonoro en el que lo que ocurre a su alrededor tiene eco. Por eso el Athletic, San Mamés y Bilbao forman parte de ese grupo de imágenes de trascendencia mediática. Lo saben desde tiempo atrás. Y en tiempos de franquismo fue escenario abonado para cuestiones ideológicas. El dictador Francisco Franco tenía marcado a Bilbao. Le iba en el alma hacerse fuerte y exhibir carga patriótica en la ciudad. Hacerlo en San Mamés, que era un estadio icónico, y reconducir su consideración patria a través del deporte era objetivo mediático. Por eso en 1941 el primer partido de la selección española tras la Guerra Civil se jugó en Bilbao. Por eso seis años después, en el primer tramo de una dictadura que no dejaba de tener contrarios activistas, la 'resistencia' intentó sacar la cabeza en San Mamés y demostrar al mundo que estaba muy viva. Los 50 iguales, que así se denominaba el grupo, trató de boicotear el amistoso que iba a enfrentar al Athletic con el San Lorenzo, equipo argentino que marcaba tendencia por la calidad y buen hacer de sus futbolistas. El capitán de los bonaerenses era el vizcaíno Ángel Zubieta, que después de ganar una liga con el Athletic jugó en México con los exiliados del Euzkadi para terminar fichando por el San Lorenzo, con el que se alineó entre 1939 y 1952.

Bilbao y San Mamés se anunciaban como sedes mundiales de un fútbol revelador porque el San Lorenzo de entonces, ganador de la Liga argentina en 1946, era como la quinta esencia. Más todavía llegando del otro lado del charco. Los duelos trasatlánticos se ponderaron mucho en aquellos tiempos porque eran ventana para medir estilos y capacidades. Los 50 iguales advirtieron una oportunidad. Plantearon dinamitar el césped, con varias cargas explosivas, pero aquello entrañaba el riesgo de tirar abajo San Mamés, que entonces tenía una tribuna de madera que podía prender fuego al instante. Descartaron la mayor y se decidieron por un elemento más rudimentario: echaron mano de azadas y destrozaron un césped que se convirtió en un arenal repleto de agujeros. También serraron las porterías. Fue una acción de urgencia.

En sus planes habían dispuesto mayores destrozos, incluyendo retirar por completo las porterías, quién sabe si incluso quemarlas, pero la noche previa al partido, la elegida para el boicot, San Mamés tuvo un ajetreo especial. La familia Biritxinaga vivía en los bajos de la tribuna de madera porque además de que Perico, el padre, era masajista del equipo, los Biritxigana eran los guardeses del campo. Esa noche falleció uno de los hijos del matrimonio. Y el trasiego en la tribuna fue intenso. Por eso Los 50 iguales tuvieron que limitar el impacto de sus acciones.

Descubierto el sabotaje, las autoridades franquistas, que no el Athletic, idearon una solución de urgencia. Repoblar de arena el maltrecho terreno de juego para que el partido se pudiera jugar. Había tiempo suficiente tanto para eso como para recomponer las porterías. De buena mañana empezaron a llegar a San Mamés camiones de arena para cubrir agujeros y equilibrar un campo que iba a tener muy poca hierba. Se descargaron hasta doscientos camiones. Los 50 iguales no lograron su objetivo, aunque sí pusieron de los nervios a las autoridades.

Pero el fútbol también cumple con su función social y la reivindicación se trasladó al campo, con una gran ovación para Ángel Zubieta, el capitán del San Lorenzo que había iniciado su carrera en el Athletic y que después se exilió con el Euzkadi. Los aplausos al de Galdakao eran también puñales para los defensores del Régimen. Zubieta hizo larga carrera en el San Lorenzo para luego colgar las botas en el Deportivo de La Coruña, con el que hizo funciones de entrenador-jugador. Luego tuvo también su paso por el banquillo del Athletic y tras entrenar a Valladolid, Jaén y Os Belenenses, en dos etapas diferentes, volvió a cruzar el Atlántico para dirigir en México y Argentina, donde fijó su residencia. Murió en Buenos Aires (Argentina) a los 67 años de edad.

La crónicas y recortes de prensa del Athletic-San Lorenzo llegaron en 2014 en forma de libro al Vaticano, como regalo de Mario Iceta, obispo de Bilbao, al Papa Francisco, reconocido seguidor y socio del San Lorenzo. El motivo del obsequio no fue otro que «mostrar la significación del Athletic como símbolo de encuentro entre distintas sensibilidades».

El arco, la general y la tribuna de Garay

San Mamés, el viejo y el nuevo, es un campo de fútbol. Ahí queda. Bizkaia no tiene estadios, tiene campos de fútbol. Más o menos grandes, con mayor o menor recorrido histórico, pero concebidos para el fútbol. La común denominación de estadio duele todavía pronunciarla en los seguidores del Athletic. Ese «voy al estadio» que se escucha en otras latitudes no va con los hinchas del Athletic. Ni siquiera ahora, cuando el San Mamés de ahora tiene una vocación multidisciplinar que el de antes carecía. Ahora sigue siendo el campo de San Mamés, La Catedral.

El viejo campo, el que estuvo levantado hasta 2013, contó con tres elementos diferenciadores que le acompañaron en su centenaria historia, aunque ninguno de ellos vivió sus inicios. Son el arco, la tribuna Garay y la general. No hace falta haberlos visto en esplendor para tener conocimiento, por vago que sea, de los mismos. El arco, que casi forma seña de identidad, se puede observar en las instalaciones de Lezama, que fue donde se trasladó cuando se demolió el viejo recinto. El Athletic se gastó un buen dinero en conservarlo. De hecho, mejor le habría ido construir uno nuevo con cualquier material liviano de los de ahora, en vez de despiezarlo, trasladarlo a un hangar de Urduliz, restaurarlo —que había que ver cómo estaba— y volverlo a montar en Lezama.

El arco vivió 60 años en lo alto de la tribuna principal de San Mamés. Fue ideado como elemento de anclaje para el voladizo de la tribuna que se levantó en 1953 y que permitió que el campo ganase capacidad hasta llegar a los 35.000 espectadores. El ingenio arquitectónico se tuvo que construir en dos mitades hasta ser elevado para que desempeñase el propósito para el que había sido concebido. Los ingenieros modificaron varias veces el proyecto, que de salida estimaba un peso aproximado de 480 toneladas de peso para una estructura que en el plan definitivo no llegó a las 275 para que se pudiera elevar minimizando el riesgo de resquebrajarse.

El arco quedó para siempre a modo de blasón en la heráldica del club. Igual que la general, una tribuna singular en la que usted, si no lo ha estado, habría pagado por entrar. En los años 20 cualquiera diría que era un montículo ordenado, pero a partir de ahí se fue haciendo una tribuna al uso y en los últimos años se alineaba en filas con espacios numerados. Allí estuvo esplendorosa hasta que en 1972 se construyó la tribuna este. Entre los pioneros de la grada y los que vivieron su final en un San Mamés más moderno no hubo forma más pura de ver el fútbol. Primero abigarrados, chocando sombreros y paraguas, luego buscando sitio tras acceder al campo gracias a

El Athletic siempre ha sido acontecimiento en Bilbao.
El viejo estadio rebosó en varias ocasiones.

algún familiar que conocía al del ambigú (en Bilbao los bares del campo tienen señorío) y te cargaba con una caja de refrescos para que la llevases hasta el almacén y luego ya te buscases la vida, y después disfrutando de los últimos vestigios del fútbol de época, que cuando la general desapareció en La Catedral ya había vallas de publicidad...

El espíritu de la general sirvió a Aitor Elizegi, presidente del club entre 2018 y 2022, para rascar votos en unas elecciones que se decidieron por un puñado de sufragios. Elizegi proponía un fondo tipo *the kop* en Anfield o la *sudtribune* del Borussia Dortmund apelando a lo que en su día fue la general en uno de los laterales de San Mamés. El asunto encandiló a *millennials* y veteranos porque es algo que nadie puede rechazar. Los más jóvenes, que ahora tienen su grada de animación en la tribuna norte Baja, porque imaginaban que sería de San Mamés con 15.000 personas apretando a la vez en un espacio sin asientos y los veteranos porque volvían a su juventud y recordaban cómo era su primer San Mamés.

La tercera señal del viejo campo que permanecerá instalada en el imaginario rojiblanco es la tribuna Garay, que fue la tribuna norte que reemplazó a la de Misericordia. Garay, central internacional, que militó en el club entre 1950 y 1960. Hasta que fue traspasado al Barcelona por 36.000 euros de entonces. O lo que es lo mismo, por lo que costó edificar esa nueva tribuna. Es lo que en el Barcelona de Joan Laporta denominan 'palanca' para reactivar la economía.

Jesús Garay (1930-1955) era un defensor extraordinario y muy bien considerado por directivos, técnicos y compañeros. Formaba parte de una de las alineaciones de carrerilla del club y Javier Prado, que era el presidente, en ningún momento había considerado venderlo. Había cerca de 4000 aficionados en lista de espera para ser socios del Athletic y el club entendió que admitirlos pasaba por una ampliación del campo. El plan para cubrir los pagos de la tribuna estaba en una gira del equipo por Latinoamérica al término de la temporada. El Athletic tenía cerrados partidos suficientes para costearse el viaje y obtener el remanente necesario para acometer las obras. Pero se cruzó la Real Federación Española de Fútbol, que en idénticas fechas había organizado una gira de la selección por los mismos países. La decisión al conflicto de intereses fue resuelta en favor de la selección.

El Athletic se sintió agobiado por la situación y recuperó las conversaciones con el Barcelona, que llevaba tiempo queriendo fichar a Garay. El acuerdo se gestó mientras la selección española, con Garay en sus filas, jugaba los amistosos en el continente americano. Había tanto nerviosismo por la situación generada que al acabar la gira a los gestores del club bilbaíno se les olvidó coger un billete de vuelta para Garay a Bilbao. Quizá pensaban que eso ya era cosa del Barcelona. Garay jugó en el Barcelona hasta 1966 y después despidió su carrera en el Málaga.

¿De quién es San Mamés?

¿Cuántas veces le han hablado de la oportunidad para entrar en una multipropiedad de una finca o casa de verano? El que se lo quiere vender le cuenta que son todo ventajas, ¿no? Pruébelo... si quiere. San Mamés, el de ahora, es una multipropiedad, pero acotada y muy reglamentada en su uso a través de la Sociedad San Mamés Barria, formada por Athletic (29,08%), Gobierno Vasco (22,23%), Diputación Foral de Bizkaia (22,23%), Kutxabank (22,23%) y Ayuntamiento de Bilbao (4,24%). El estatuto fundacional de SM SL, sociedad creada cuando el campo era todavía un proyecto, recuerda que «su objeto social es la tenencia de los terrenos en los que se ubica el nuevo campo de fútbol de San Mamés y la promoción, construcción y explotación de dicho estadio, en el que el Athletic Club desarrolla en exclusiva su actividad competitiva desde septiembre de 2013».

El reparto es claro. Aparecen todas las instituciones con capacidad de decisión en Bizkaia, el Gobierno Vasco y Kutxabank, que en estas cuestiones dinerarias siempre tiene que haber un banco. En el caso del Athletic el banco es el descendiente directo de la antigua Caja de Ahorros Municipal de Bilbao, fundada en 1906 por el consistorio bilbaíno, y la fusión con la posterior Caja de Ahorros Vizcaína, que al amparo de la Diputación Foral empezó en la correduría de clientes en 1920. La relación viene de atrás. El viejo San Mamés se asentaba en terrenos de la Caja de Ahorros, que los tenía cedidos en usufructo al club hasta que, con el tiempo, el Athletic acordó la compra de estos guardándose la Caja la salvaguarda de que los terrenos no tendrían otro uso que el deportivo. Lo de hacer urbanizaciones con vistas quedaba fuera de cualquier alcance especulativo por parte de futuros responsables del club.

La sociedad limitada San Mamés Barria se constituyó de manera solidaria para la construcción de un estadio de fútbol que, con el tiempo, dejará al Athletic como único propietario, aunque no por paz y amor, sino sujeto a una serie de condicionantes que exigen un desembolso para que ningún vecino, ni del territorio vizcaíno ni de los vecinos alaveses y guipuzcoanos, se sientan agraviados por considerar que con su dinero se hizo un campo sin que nadie les consultase. Realmente, de lo que se trata es de un préstamo a largo plazo y de, también, garantizarse espacios en uno de los recintos más llamativos de la ciudad. Los últimos conciertos de Fito y Metallica llegaron por esa vía.

Athletic, Gobierno Vasco, Diputación Foral de Bizkaia y Kutxabank aportaron para la constitución de la sociedad —siempre con el fin de la construcción del campo— 44,50 millones de euros cada uno y terrenos y el Ayuntamiento de Bilbao convirtió en acciones de la SL el equivalente a tasas y licencias de construcción. El campo se levantó en plazo y tener tanta potencia institucional y política detrás convirtió en apacible lago los conflictos laborales que hubo, que no fueron pocos, pero que dependiendo de las características del patrón y su influencia suelen ser más o menos silenciados. SMB (San Mamés Barria) acordó que el Athletic abonase un alquiler inicial de 500.000 euros los primeros 10 años, debiendo añadir al mismo las oscilaciones del IPC. El precio del alquiler, que es el más alto con diferencia de todos los campos de LaLiga, se revisaría al cabo de ese tiempo y las partes establecerían las condiciones, en tiempo y cantidad, del nuevo alquiler.

El Tribunal Superior de Cuentas del País Vasco, que auditó las cuentas de la sociedad, hizo público que el contrato de arrendamiento entre SMB y el Athletic incluye una opción de compra, igual que si fuese un futbolista que todavía está por convencer a su director deportivo, después de 50 años, que es límite del alquiler. Así que en el 2063 el Athletic estaría en disposición de adquirir en esa fecha la titularidad única del estadio, estimándose que esa compra estaría alrededor de los 66 millones de euros, la mitad del presupuesto de ingresos aprobados por la Asamblea de Socios Compromisarios del Athletic para el ejercicio 2021-22.

Hasta ese día, el conjunto del estadio tendrá varios dueños con capacidad de decisión. Por ejemplo, solicitar ser sede del Mundial 2030 tuvo que ser consultado y aprobado por SMB. Cada uno de esos dueños también podrá disponer de San Mamés para distintas cuestiones. No es que los directivos de Kutxabank lo tengan para jugar cada miércoles un partido de trabajadores, pero sí hay distintas cláusulas recogidas en el contrato. La Diputación tiene garantizado disponer dos veces al año del estadio en su totalidad para eventos (hasta ahora han sido conciertos), dos visitas organizadas por mes, dos palcos VIP durante los partidos de la temporada —si es vizcaíno quizá algún día le llamen para invitarle—, 10 plazas de aparcamiento en el interior del estadio durante los partidos o cuestiones como patrocinio del museo y un determinado número de utilización de salas de reuniones en San Mamés.

El pliego de condiciones de Gobierno Vasco y Ayuntamiento de Bilbao estableció otro tipo de opciones. El ejecutivo se garantizó 2.642 metros cuadrados en un espacio subterráneo de 112 metros de largo por 12 de ancho para la puesta en marcha de un centro de alto rendimiento, con la idea de instalar una pista corta de atletismo, foso de saltos y un centro de innovación médica y deportiva. El Ayuntamiento dispone de un espacio soñado para Bilbao Kirolak con piscina de 50 metros y

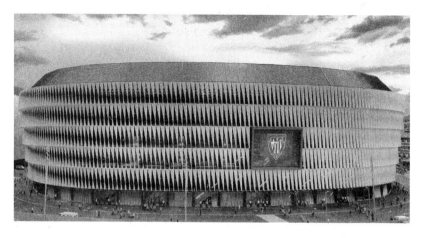

San Mamés Barria, un campo que incluye titularidad pública.

cuatro calles, zona de spa, gimnasio y vestuarios. El fútbol cada 15 días no va solo con el nuevo San Mamés, que suspira por actividad durante 365 días al año más allá de lo que ofrece el museo, la tienda oficial o los establecimientos de restauración que hay en cada una de las tribunas de gol.

Señor Havelange, las mujeres no entran al palco

Nunca se dijo nada al respecto, de hecho, el tema no existía solamente se aplicaba sin argumento alguno: en el palco no entraban mujeres. Es cierto que las leyendas de algunos *txokos* nos dejaban claro que, si bien no existía la norma, allí no entraban mujeres, pero nadie le ponía al cascabel al gato, Solamente no entraban, pero ni ellos lo argumentaban ni ellas lo preguntaban, así de sencillo.

Los tiempos fueron cambiando y las leyendas con ellos... que si en aquel *txoko* de Bilbao un día dejaron entrar a las mujeres de los socios y cuando vieron lo que sus maridos hacían en aquellas cocinas, pero nunca hicieron en casa llegaron las preguntas, las caritas de buenos chicos y el debate al día siguiente: «¿de quién fue la idea? Aquí no entran más». Nunca se supo si todas aquellas 'hazañas' de la masculinidad fueron ciertas, pero durante muchos años los *txokos* fueron territorio acotado a las mujeres.

En 1990 cuando en las elecciones a la presidencia del club, Jose Julian Lertxundi llevó en la plancha de su candidatura a Ana Urquijo, hija de un presidente del club y futura presidenta, significó un antes y un después. En caso de ganar sería la primera mujer directiva de la historia del club y entraría en el palco por derecho propio.

La decisión de la candidatura de Lertxundi era valiente y significaba que el voto de la mujer podría ir a Ana por cuanto ella era la primera y representaba un cambio que en los cerca de cien años de historia en aquellos momentos no se había producido. Y, Ana Urquijo entró en el palco de San Mamés y con ella entraron otras mujeres que representaban a las peñas del club, a los clubes convenidos y poco a poco llegaron a ser las presidentas, las directoras generales y el palco terminó con su leyenda.

Una leyenda que se convirtió en realidad con carácter de internacionalizad en 1982 cuando San Mamés en una calurosa tarde de junio, en concreto el 16 de junio a las 17.15 horas se convirtió en sede de un partido de la Copa del Mundo de la FIFA: Inglaterra vs Francia.

Inglaterra había elegido el hotel Tamarises en la playa de Ereaga para concentrarse y las instalaciones del club en Lezama para sus entrenamientos, algunos incluso a apuesta cerrada con Kevin Keegan como estrella, tanto por su secreto viaje a Hamburgo como por su importancia en el equipo.

Francia llegaba con su estrella Michel Platini, que había vetado a su compañero Larios enfrentado según se contaba, por los llamados 'líos de faldas'.

La tarde prometía, los ingleses ausentes en los mundiales de Argentina y Alemania venían con muchas ganas y con muchos seguidores que disfrutaban de los placeres que los alrededores del campo les proporcionaban; cerveza y más cerveza. Los franceses un poco más sibaritas se centraban más en los placeres de una buena mesa mientras que los asombrados bilbaínos

Joao Havelange, Presidente de la FIFA durante
la Copa del Mundo España 1982.

se encontraron con un San Mamés diferente, que había sufrido una importante reforma, que albergaba una tribuna de prensa en la parta más alta de la llamada tribuna principal alta.

Así las cosas, los habituales de San Mamés tuvieron que buscar sus localidades en otras zonas del campo, que no en sus habituales asientos y, por supuesto, sin sus habituales compañeros de localidad. Ya no estaba la general, no estaba el marcador simultaneo, pero si dos enormes pantallas que actuaban de marcador y de alguna otra función más.

San Mamés era mundialista y allí estaban los grandes hombres de la FIFA, de la Federación, que iban a disfrutar de un partido de los grandes en un campo que por algo se llamaba La Catedral y poco a poco fueron llegando al coqueto palco que en el centro de la tribuna principal baja les albergaría.

¡Oh, sorpresa! Cuando la mujer del presidente de la FIFA, el brasileño Joao Havelange fue a entrar al palco, la leyenda se convirtió en realidad.

En el palco no entraban mujeres y se les ofreció un pequeño palco aledaño donde poder seguir el partido con las mismas comodidades, pero cumpliendo con aquella leyenda que nadie sabía a ciencia cierta de dónde provenía. Como siempre todo se arregló y no pasó a mayores y tampoco se hizo una enorme bola de fuego que quemara a quienes aceptaban aquella leyenda.

Años después, fue el padre de Diego Armando Maradona quien sufrió en sus carnes algo parecido.

La estrella argentina había vuelto al fútbol tras su sanción por dopaje, y lo hizo en el Sevilla que se presentaba en San Mamés con el argentino en su primer partido oficial, que era el segundo pues para poder hacer frente al salario y otros temas financieros el Sevilla había jugado un amistoso con el Bayern de Munich para hacer caja. El padre de Diego y la Tota, su madre que era mundialmente reconocida por el cariño que su hijo le mostraba llegaron a la puerta del palco y…

Esta vez, el padre de Maradona, vestido con un chándal de la marca deportiva que equipaba a su hijo y sin corbata fue 'invitado' a ocupar una localidad cercana e igual de buena, pero no el palco donde no se entraba sin corbata. Todo acabó bien y el palco con su león disecado fue el testigo de cómo cambiaban los tiempos, cómo los habituales invitados y las directivas fueron adaptándose a una sociedad que ya no permitirá nunca leyendas.

Así un día, una mujer Ana Urquijo se convirtió en anfitriona en aquel palco que años antes no le hubiera dejado entrar.

Sporting Clube de Portugal, la última conquista

La relación de San Mamés con los torneos europeos arranca el 26 de septiembre de 1956 en una victoria contra el Oporto en los dieciseisavos de final de la Copa de Europa y finaliza el 6 de diciembre de 2012 en un empate sin goles con el Sparta de Praga en Europa League. 76 partidos que cada uno de ellos son mil y una historias diferentes. Cada instante de cada uno de esos encuentros dan razón al poema en el que Juan Ramón Jiménez —ahora seguidilla elegante del anuncio de una marca de cerveza— dice que «yo no cuento mi vida en días, sino mi día en vidas: cada día, cada hora, una vida entera. Un día no es un día de la vida, sino una vida».

San Mamés, el viejo San Mamés, ha sido escenario de grandes noches. Calificarlas según mayor o menor disfrute corre el peligro de encontrar disidentes porque lo mismo que algunos partidos se elevan rápido a la categoría de mitos hay otros que para el protagonista, independientemente de si está en el verde o en la grada, han tenido una vivencia inigualable. Apartando sentimientos y subjetividad, si algo es manifiesto es que la última conquista alrededor de la vieja Catedral se dio el 26 de abril de 2012 frente al Sporting de Portugal.

Ese último jueves del mes de abril de 2012 el Athletic disputó ante el Sporting de Portugal el partido de vuelta de la semifinal de Europa League. Era la segunda semifinal continental de su historia e, igual que la primera, los leones salieron adelante. El estreno de San Mamés en esas escaleras de competición se produjo en abril de 1977 y los leones salieron adelante ante el RWD Molenbeek belga. En aquella ocasión no ganaron

43

ninguno de los dos partidos y pasaron por el valor doble de los goles marcados en campo contrario... por el maldito valor doble de los goles que luego les costó la final ante la Juventus.

El Athletic-Sporting Clube de Portugal llenó La Catedral. Un mosaico en colores rojiblancos inundó las tribunas altas mientras que en los fondos y las preferencias laterales no había seguidor sin bandera, bufanda o camiseta rojiblanca. El estadio, el viejo estadio, temblaba con cada grito de ánimo. El aforo estaba completo desde incluso antes de que saltaran los jugadores al campo, y eso que en Bilbao hay costumbre de apurar hasta el último momento. Sin llegar todavía al himno de la competición, San Mamés era un espectáculo con todo el campo atronando la Marcha Triunfal del Aida de Verdi. Una premonición.

Imagen del antiguo San Mamés, junto a la Feria de Muestras, que ahora forma parte del terreno del nuevo campo.

Los leones de Bielsa, que habían imantado al continente en las eliminatorias precedentes y agolpaban frente al televisor a futboleros de otros clubes que empatizaban con las batallas rojiblancas y los querían ver llegar lo más lejos posible, estaban emparejados con el Sporting de Ricardo Sa Pinto, viejo rival en su época de jugador defendiendo los colores de la Real Sociedad y ahora debutando a lo grande como profesional de los banquillos. Los lisboetas tenían en ventaja el duelo por el 2-1 de la ida, pero había partido. Cada técnico lo afrontó a su manera. En el campo y en los banquillos. Las alineaciones no salieron de guion igual que tampoco el porte de cada entrenador. Bielsa siguió fiel a su chándal gris y a sus inquietos paseos de ida y vuelta por el área técnica. Sa Pinto, en plan Sa Pinto, con camisa desabrochada a conciencia y una americana con vistosas coderas.

El Athletic mostró un once más que reconocible en el que Bielsa tuvo que buscar sustituto a De Marcos, que había sido amonestado en la ida y debía cumplir un partido de sanción. El rosarino alineó a Iraizoz, Iraola, Amorebieta, Javi Martínez, Aurtenetxe, que fue el goleador de la esperanza en el encuentro del José Alvalade, Iturraspe, Herrera, Susaeta, Ibai, Muniain y Llorente. La idea era clara: adelantarse y mandar en cada una de las refriegas. A fuego, como acostumbraba aquel Athletic. A coro con sus hinchas, que se encendían cada vez que los leones apretaban y multiplicaban sus alternativas.

Susaeta, tras una buena dejada de Llorente, puso en ventaja a los rojiblancos en el primer tramo. El objetivo inicial estaba cumplido. Pero el fuego se apagó. El Sporting se quitó el agobio y empezó a aparecer en los alrededores de Iraizoz. Marcó Van Wolfswinkel en el 44, que en el fútbol es un minuto hecho para grandes alegrías o terribles desgracias, y el Athletic eligió vivir. En el descuento Ibai, de nuevo tras una extraordinaria acción de Llorente, puso el 2-1 y el equipo fue en ventaja al vestuario.

El resultado era de prórroga y en la continuación el Athletic fue lo que acostumbraba, un equipo que no se guardaba nada. Asedió a Rui Patricio, cada equipo estrelló un remate en el palo, el del Athletic fue un cabezazo de Javi Martínez a la salida de un córner, y el desenlace no llegó hasta el 88', que fue cuando al doble asistente Llorente le tocó firmar el gol de la victoria. Lloró en una celebración que hizo en la preferencia lateral, estrujado por los aficionados de primera fila, pero calmó rápido las lágrimas porque tocaba apretar hasta cumplir el descuento.

Bielsa estuvo tan cómodo con lo que veía de sus jugadores que no movió el banquillo hasta que Llorente puso a los leones en ventaja. Con San Mamés hirviendo y exportando decibelios de satisfacción, el técnico apuró el descuento a base de cambios. Ekiza, Toquero e Iñigo Pérez entraron al juego y pudieron celebrarlo desde el campo. Espectacular. No fue un partido más. Fue la última conquista del viejo San Mamés, un estadio con gancho. Lo contó Howard Kendall veinte años antes: «Sammy Lee jugó en San Mamés un partido europeo con el Liverpool y me dijo que fue el mejor campo de fútbol en el que había jugado. Solo tiene capacidad para 40.000, pero el ambiente es algo más, es absolutamente increíble».

Jugaremos con los nuestros

La filosofía del Athletic es clara. No entremos en polémicas innecesarias. Juegan futbolistas vascos o formados en canteras vascas. Sin mayor vuelta ni recorrido extraño. Será así hasta que los socios decidan lo contrario. Quizá no haya nacido todavía el cronista que tenga que relatar el paso del Athletic hacia los extranjeros. ¿O sí? En cualquier caso, no es una situación que se vaya a discutir en el corto plazo. Lo de jugar con gente de casa o formada en casa, recordando que en el universo Athletic el caladero va más allá de las fronteras geográficas y que en la peculiaridad del nacimiento se incluyen a navarros y vascofranceses. Y todo es así desde que en 1911 al presidente Alejandro de la Sota Eizaguirre se le hinchó la vena, puede que también otra cosa, cuando el Athletic fue denunciado por cometer irregularidades en la normativa de juego de extranjeros, que es algo que por entonces todos los equipos tenían. De la Sota fue tajante. «Jugaremos con los nuestros». Así fue como el Athletic puso fin a la participación de extranjeros. Todos los que jugaron después tuvieron o doble nacionalidad o se formaron en clubes de cantera vascos. El último caso es el del rumano Ganea, que llegó muy pronto a Bilbao y jugó en clubes de formación y hasta en la selección de Euskadi de categorías inferiores.

El cierre de fronteras en el club tuvo como fortaleza moral la decisión de Alejandro de la Sota Eizaguirre, primo de Alejandro de la Sota Aburto y de Manuel de la Sota Aburto, otro presidente del club, que fue uno de los fundadores del Athletic, institución en la que también participó como jugador. Habitual del café García, en el que su primo Alejandro era conocido con el apelativo de sir Archibald, los De la Sota hacían gala de familia acaudalada, emprendedora y muy arraigada al territorio. Vascos de naturaleza con un marcado sentimiento nacionalista. Todos ellos fueron instruidos en educación internacional y pasaron largas temporadas en el Reino Unido. Alejandro de la Sota Eizaguirre, presidente del Athletic entre 1911 y 1917, disputó tres títulos de Copa como presidente de un Athletic que le tiene también en el recuerdo por ser impulsor de la construcción de San Mamés.

Detengámonos en el incidente que provocó el cisma con los extranjeros, que desde la fundación del club habían sido sustento natural del equipo porque, en el fondo, ellos también fueron los que introdujeron el *football* en Bizkaia. La Copa de 1911 se jugó del 9 al 15 de abril en el campo de Jolaseta y entre los equipos desplazados acusaron al Athletic de haber alineado en la primera eliminatoria a dos extranjeros, Sloop y Martin, que no acreditaban tener residencia en el país de al menos dos años. El tercer extranjero de aquel 11 con el que jugaba el Athletic era Veitch, que cumplía con creces. La reglamentación era laxa porque lo de acreditar residencia no iba

Carmelo se juega el tipo para salvar un balón en un derbi en el viejo Atotxa.

con casi ningún equipo y empezó a salir a medida que los resultados iban dando la espalda a los distintos participantes. Uno de los que más protestó fue la Real Sociedad, que igual que todos también tenía extranjeros e igual que todos siempre quedaba la duda de si cada uno de ellos llevaba más de dos años en el país. Los donostiarras protestaron a la organización y exigieron la repetición de los partidos. El jurado técnico no tardó demasiado en dirimir que aquella petición estaba fuera de lugar. Y la Real decidió retirarse.

El terremoto se produjo en las rondas previas y a partir de octavos de final en el Athletic solo jugó Veitch. El torneo tuvo de todo y lo del lío de los extranjeros fue un juego de niños. La semifinal del Athletic se terminó nada más concluir el primer periodo. Dominaban los entrenados por Mister Shepherd por 2-0 a un Gimnástica de Madrid que, en el entretiempo, en vez de refrescarse, salieron a la carrera hacia la estación de tren porque decían que si se quedaban hasta la conclusión perderían el tren que les devolvería a la capital. Veían el partido más que perdido y no estaban por demorar su regreso a casa. Veitch no jugó más partidos oficiales con el Athletic. Solo participó en un partido amistoso ante el Civil Service londinense y en 1914 pisó San Mamés para enfrentarse a los leones vistiendo la camiseta del English Wanderers en tres amistosos que se jugaron 31 de mayo, 4 y 6 de junio.

El Athletic ganó aquella Copa con suspense porque la oficialidad se retrasó. La Federación Española de Clubes de Football, antecedente de una Real Federación Española de Fútbol que se fundó como tal en 1913, dudaron demasiado en dar validez a un título que primero revocaron, luego dejaron en suspenso y, de manera definitiva, entregaron en propiedad al conjunto rojiblanco. La polvareda de los extranjeros hizo que el incipiente organismo federativo decidiera limitar el número de futbolistas extranjeros que podían tomar parte en cada club. El Athletic decidió que no iba a tenerlos. En eso sigue.

24 títulos, niégamelo

El palmarés del Athletic se ha discutido hasta 2016. ¿Es posible? No hace falta mucho más que acercarse a las vitrinas del club y echar cuentas. En el apartado de Copa salen 24 y la última está ganada en los 80. Hasta el 1 de enero de 2016 la Real Federación Española de Fútbol solo reconocía 23. Desde ese día, aunque la UEFA hacía tiempo que en su relación de títulos del Athletic contaba con 24 de Copa, la RFEF sumó el discutido triunfo en la Copa Coronación de 1902. Lo hizo a la manera *millennial*: publicando un tuit.

Recibimiento a los campeones de Copa de 1955,
que hacían trayecto por Bizkaia en autocar.

El 1 de enero de 2016, cuando el Athletic cumplía 118 años de vida, la cuenta oficial de Twitter de la RFEF lanzó un tuit de felicitación en el que incluía todos los títulos del club. Por vez primera, los federativos daban oficialidad a la Copa de 1902, de la que tienen una réplica en el museo federativo porque la original está en el club rojiblanco. No la reconocían por dos motivos: el Athletic la jugó como Bizkaia y la RFEF no estaba constituida como tal.

José María Arrate reclamó su oficialidad coincidiendo con la celebración del centenario del Athletic y desde entonces todos los presidentes del club solicitaron al organismo federativo que diera un paso que costó… ¡114 años! El más reivindicativo de todos fue Fernando García Macua, que coincidiendo con la final de Copa de 2009 dio el ok a que el equipo vistiera un logo conmemorativo en el que, entre otras cosas, justificaba aquella primera copa como propia. El logo estuvo impreso en las camisetas de juego, pero también en los polos, camisetas de paseo y detalles conmemorativos que comercializó el club para la ocasión.

La primera Copa tardó años en tomar conciencia federativa, pero el Athletic la ha exhibido siempre como un triunfo de postín. Y lo fue, vaya si lo fue, aunque costó lo suyo, sobre todo por problemas organizativos. El fútbol en los albores del siglo XX todavía era un divertimento de las clases pudientes, que a la vez que creaban sus equipos también eran los futbolistas y directivos. Es decir, jugaban los dueños y los gestores de las fábricas, no lo obreros, que fue una circunstancia que cambió pronto siguiendo el mismo modelo que en Inglaterra, donde ya había trabajadores a sueldo que cambiaban de fábrica para jugar en determinados equipos.

En 1902, el Athletic, no debe doler decirlo ni leerlo, era una parcela más de la élite. Y vivía como la élite. Por eso acudió a la Copa Coronación de 1902, la que conmemoraba la mayoría de edad del rey Alfonso XIII. Cumplía 16 años. Tres años después de aquello, todavía sin llegar a los 20, Alfonso XIII visitó por vez primera el Real Club Marítimo del Abra en Las Arenas (Getxo). Esa vez no hubo torneo conmemorativo en su honor, aunque el Athletic ya jugaba regularmente partidos en el campo de Lamiako, a poca distancia del club marítimo.

Volviendo al desarrollo de la Copa de 1902. Lo festejos de la coronación incluyeron un torneo de fútbol para el que, en principio, estaban inscritos Athletic y Bilbao, aunque para la ocasión decidieron unirse en uno y formar en la cita como Bizkaia. Barcelona y Espanyol llegaron desde Catalunya, aunque la invitación en esa comunidad se extendía a cinco equipos. Uno de ellos, formado por estudiantes universitarios, no participó aludiendo que estaban en exámenes, y los otros dos descartaron tomar parte en el 'concurso', que así se citaba al torneo en los diarios, porque era demasiado caro el desplazamiento y la estancia, pues había que estar en Madrid entre el 12 y el 16 de mayo. Madrid aportaba dos clubes, el Madrid, que era organizador, y el New Football Club. El reglamento era claro como así recoge un documento de la época

BASES DEL CONCURSO DE FOOT-BALL ORGANIZADO POR EL MADRID F. C.

1ª Podrán tomar parte, en este concurso, todas las sociedades españolas de Football Asociación, inscribiéndose hasta el 1º de mayo para lo cual podrán dirigirse al presidente de la sociedad Madrid F.C., calle de Alcalá, 48, Madrid.

2ª Al inscribirse la sociedad, presentará la lista del equipo con un número ilimitado de suplentes.

3ª El premio quedará propiedad legítima de la sociedad que lo obtenga.

4ª Se jugará por series, sorteándose los equipos dos a dos, y por este procedimiento será vencedor el que gane la última serie.

5ª En caso de empate, el juez árbitro podrá prolongar al partido por tiempos de 15 minutos.

6ª Los partidos se jugarán con cualquier tiempo, si no hay acuerdo en contra por parte de los capitanes respectivos.

7ª Los jueces se nombrarán de común acuerdo entre los capitanes de los equipos litigantes. En caso de que estos no lleguen a un común acuerdo, será el jurado el que lo haga. El juez árbitro, tendrá obligación de dar cuenta al jurado, en acta firmada por él y los dos capitanes respectivos, y no se aceptará ninguna reclamación pasada las 48 horas.

8ª Diferencias y reclamaciones de cualquier índole, tienen que hacerse por escrito al jurado, que se reserva el derecho de resolver.

El detalle de los suplentes ilimitados no era baladí. El New Footbal Club presentó 43 suplentes, el Madrid llamó a 37 y el Barcelona contaba con 20. Las eliminatorias dejaron la final en un duelo entre Bizkaia y Barcelona, que para la ocasión contó con algún futbolista reclutado del Hispania, que fue uno de los clubes que rechazó la invitación por cuestión pecuniaria. Ganaron los vizcaínos por 2-1 con goles de Juan Astorquia, que fue el primer capitán del club y después tuvo un breve paso como presidente, y Cazeaux, francés y uno de los agitadores del área rival, mientras que por el Barcelona marcó Parsons a pase de Joan Gamper, un histórico en las terrenales deidades institucionales del Barcelona. El torneo fue un éxito y los protagonistas dieron un paso adelante en la futura promoción de campeonatos, para los que siempre se mostraron dispuestos.

La primera copa la levantó Juan Astorquia y la última, todavía en el siglo xx, la subió Daniel Ruiz Bazán al cielo de Madrid el 5 de mayo de 1984, jugando también ante el Barcelona. Dani, vizcaíno de Sopuerta, tiene en su honor haber festejado de manera consecutiva dos ligas y una copa. Es el último capitán en aparecer por un palco para recoger un trofeo de postín. «Ese momento es inenarrable y todavía se me pone la piel de gallina al recordarlo o cuando veo fotos y vídeos de entonces. Estaría encantado en que llegase ya otro capitán para levantar la copa y pudiera vivirlo», recalca en cuanto tiene oportunidad de hablar alrededor del torneo y la implicación que tiene para cualquier capitán del club.

El sueño al que dio luz Oráa
y culminó Eguidazu

El Athletic se concibe en Lezama desde el 27 de enero de 1971, que fue el día en el que el equipo realizó el primer entrenamiento en unas recién inauguradas instalaciones. El presidente Félix Oráa sacó adelante una aspiración compartida con José Ignacio Zarza, gerente económico y deportivo de la entidad, a la que años más tarde consolidó el presidente José Antonio Eguidazu. Y desde él, todos los gestores del club han hecho por invertir en Lezama, que es cuna y corazón del Athletic moderno. «Queríamos hacer una fábrica de futbolistas. Era difícil, pero pensamos que si éramos los primeros tendríamos algo de ventaja», contó años después Zarza en una publicación editada por el Athletic para conmemorar uno de los aniversarios de tan feliz idea.

Más de 10.000 futbolistas han pasado desde entonces por las instalaciones con el ánimo de completar una carrera en el club. Santi Urkiaga, que fue campeón de Liga y Copa en los 80 a las órdenes de Javier Clemente, fue el primero que subió al primer equipo después de haber 'cursado' en todas las categorías. El que fuera lateral derecho internacional se sumó al Athletic a partir de un torneo en la Semana Santa de ese mismo año.

Piru Gainza y Jesús Garay estuvieron al mando de las operaciones de captación de esa primera camada de futbolistas. Un año después por ahí apareció también Iñigo Liceranzu. Y el filtro siguió durante distintas épocas. En 1971, coincidiendo con el reclutamiento de Urkiaga, nacía Aitor Larrazábal, que en edad infantil fue fichado por el Athletic a partir de otro torneo espectacular: el club abría la posibilidad de realizar pruebas a todos los chicos que se apuntasen para ello, aprovechando unas inscripciones al uso que se entregaban en un diario a modo de publicidad. Durante semanas Lezama era centro de sueños de proyectos de futbolistas. Aitor rellenó aquella ficha, fue a entrenar el día que le tocaba y días después el club le llamó a casa para que se incorporase a las categorías inferiores.

El arranque del proceso se debe a Oráa, que tenía claro que el club necesitaba crecer con más terrenos de juego que el de San Mamés. Era una época de cambio. Oráa consiguió de la asamblea de socios compromisarios el ok para destinar 240.000 euros de entonces a la compra de unos terrenos en los que levantar un centro de entrenamiento, inicialmente con un edificio principal en el que una zona se destinaría a residencia, y tres campos de las mismas medidas que San Mamés pero con distintas superficies: uno de hierba lo mejor cuidado posible, otro más irregular y un tercero de arena, que en el fondo era la mejor manera de afrontar la preparación de partidos en distintas superficies.

Años después Oráa también reconoció que la compra no ocultaba la posibilidad de que el Athletic, en un futuro, llevase allí su estadio porque Bilbao estaba en expansión y no se sabía qué podría ocurrir. Finalmente, la idea del campo se desechó,

Técnicos de Lezama, entre ellos Gonzalo Beitia vestido de blanco, charlan con una de las primeras camadas del club.

aunque años después un candidato a las elecciones, cuando todavía no había ubicación para el nuevo San Mamés, deslizó la posibilidad de construir el estadio en Artxanda, que está a medio camino entre el San Mamés de siempre y Lezama.

El club tenía clara una financiación en la que también iba a contar con dinero público. La Delegación Nacional de Deportes se había comprometido a una contribución de 60.000 euros sin en el pabellón cubierto que estaba proyectado construir, que fue el que se concluyó bajo la presidencia de José Antonio Eguidazu, incluía espacio para un frontón y una cancha multidisciplinar de baloncesto, balonmano y tenis. La complejidad era evidente porque el uso de Lezama se diversificaría más allá de la fábrica de futbolistas que perseguía el gerente Zarza. El club agradeció la disposición de la Delegación Nacional de Deportes, pero la desestimó. Lezama estaba diseñado para fútbol.

Entre la aceptación de los socios, el verano de 1969, y la inauguración, en enero de 1971, transcurrieron 18 meses en los que la preocupación de arranque fue elegir el tipo de complejo deportivo que se iba a llevar a cabo. Zarza, que era un hombre todopoderoso en el club con atribuciones tanto administrativas como deportivas y sueldo de buen futbolista, fue el artífice de que Lezama se levantase y creciese como modelo de estructura formativa para futbolistas. El gerente viajó en busca de inspiración y de un patrón al que seguir, porque querían ir más lejos de la vieja Ciudad Deportiva del Real Madrid, que se construyó en 1963.

José Ignacio Zarza estuvo en Coverciano, el centro que la Federación Italiana tenía en Florencia, en Hungría y también se entrevistó con el seleccionador de Inglaterra para conocer cuáles eran las prioridades de los técnicos del país. Nada le convencía. Se puede decir que dio con el modelo de casualidad. Javier Clemente, que era jugador del Athletic, seguía lesionado y su percance, que acabó retirándole del fútbol, requería de una exigente intervención quirúrgica en Lyon. El club estuvo muy cerca del que luego fue entrenador campeón con el Athletic y al buscar un centro deportivo para su recuperación toparon con la Escuela de Vichy que dirigía Pierre

Pibarot, con el tiempo artífice del Centro Técnico Nacional de Clairefontaine. Les encantó y decidieron que el proyecto tenía ya un modelo en el que inspirarse.

Inveterado en la razón del club, Lezama no ha dejado de dar pasos adelante desde que, en enero de 1971, sin corte de cinta de inauguración ni nada que lo pareciese, el primer equipo del Athletic utilizó uno de sus campos para entrenar. El complejo sigue creciendo. El verano de 2022 la instalación en poco se parece a la anterior: ocho campos, cuatro de hierba natural y otros tantos de hierba artificial, un edificio exclusivo para el primer equipo con piscina, gimnasio, espacios para vídeo, salas de trabajo, vestuarios, comedor, sala de prensa terraza, parking privado; residencia para futbolistas; un remodelado edificio principal con gimnasio, zonas de recuperación y rehabilitación, pabellón cubierto, distintos vestuarios para categorías inferiores, comedor, cafetería, despachos, área de esparcimiento, un campo con capacidad para 3.200 espectadores con zonas de trabajo para categorías inferiores en los bajos de dos de sus tribunas, parking cubierto…

Lezama, mucho más que un modelo de trabajo. Un modelo de vida.

Agustín 'Piru' Gainza

La idea. ¿Quién fue el artífice de que Lezama surgiese con vocación de escuela de futbolistas para el Athletic? Félix Oráa tuvo como presidente la determinación de llevarlo a cabo, preocuparse de la financiación, la infraestructura y el modelo. Pero la autoridad intelectual le corresponde a Piru Gainza, que por entonces estaba en la estructura técnica del club después de haber sido un delantero de época y un futbolista para la historia: 21 temporadas, 496 partidos y 152 goles con la rojiblanca dicen mucho de su camino en el campo.

Piru, apelativo que Agustín Gainza tomó de un portero del Basconia porque en sus años mozos el genial extremo también quiso ser portero, trabajó con la directiva la necesidad de que el Athletic cubriera un espacio formativo que no tenía hasta entonces. El basauritarra entendió rápido que el club necesitaba diferenciarse de los demás a partir de un excelso trabajo de cantera. Y tuvo a su favor la disponibilidad de una junta directiva que con el tiempo está constatado que hizo un brutal favor al fomento y continuidad del espíritu rojiblanco.

El trabajo de Gainza partía de un concepto empírico. En sus 21 años como futbolista del primer equipo, con 33 partidos con España y participación en el Mundial de 1950, el basauritarra interiorizó distintos conceptos del fútbol mundial que tendrían cabida en el Athletic. Retirado de la práctica activa en 1959, Piru tardó menos de cinco años en reintegrarse como entrenador en la entidad en la que había hecho toda su carrera como futbolista. Fue el primer técnico del Bilbao Athletic (1964-65) que empezó andadura en categorías regionales.

Piru fue uno de los padres del equipo que ganó las últimas ligas. En el arranque de Lezama (1971) el técnico se ocupó de entrenar a los juveniles durante ocho años. Decían de él que mejor que en el vestuario se manejaba desde la grada, analizando qué ocurría con cada uno de los jugadores que disputaban un partido. El ojo de Piru era el ojo de la verdad. Advertía proyectos de futbolistas y desterraba ilusiones con otros que cantaban serían glorias sin necesidad de encerrarse una semana con cada uno de ellos. Tenía un don y lo explotaba.

En su favor contaba con un extraordinario ascendente sobre los futbolistas, pues todos tenían claro quién era ese hombre que peinaba su pelo tirando a cano hacia atrás —en mis ensoñaciones de infancia pensé que iba al mismo peluquero que mi *aitite* aunque lo cierto es que en aquel tiempo el peinado Piru era habitual entre los hombres de esa edad—.

El Gamo de Dublín, conocido así por una exhibición con España ante Irlanda, fue elegido en el 11 ideal del Mundial de 1950 y en España es dueño del récord de goles en un mismo

Piru Gainza, que fue uno de los hombres clave en el impulso del trabajo de cantera, posa en las instalaciones de Lezama.

partido: hizo 8 en los 12 que marcó al Athletic en los cuartos de final de Copa jugados en 1947 ante el Celta. Era un futbolista tan singular como laureado, con 7 títulos de Copa ganados en las 9 finales del torneo que disputó en su carrera.

El fútbol de élite y el aprovechamiento de las condiciones dependen en gran medida de la rápida detección de talento. Y Piru tenía esa capacidad. Después de dirigir al primer filial de los leones y al Athletic, con el que tuvo 130 partidos para ser cesado al comienzo de su cuarta campaña tras cuatro derrotas consecutivas en un comienzo de liga en el que solo hubo una victoria en seis encuentros, Piru nunca dejó el chándal, aunque no tuviera equipo asignado. Su sitio en Lezama estaba en los campos, paseando por los entrenamientos, recomendando gestos y acciones, advirtiendo a los que deberían extender su jornada más tiempo con tareas extras con Beitia o Sáez o ejecutando cambio de posiciones en el juego de los futbolistas.

Javier Clemente, que le conocía tanto como le admiraba, le reclamó de nuevo para la primera línea y le tuvo a su lado cuando se hizo cargo del banquillo del primer equipo. Piru era más que un apoyo. «¡Chavales, no sabéis lo que habéis hecho! ¡Ya lo veréis mañana!», es una frase en boca del basauritarra que recuerdan todos los futbolistas que ganaron la liga en Las Palmas. Esa noche Piru bailó en la discoteca del hotel como si fuera uno de ellos. Un busto y una tribuna con su nombre en Lezama son recuerdo de lo que aportó a la entidad. Agustín 'Piru' Gainza es el ideólogo de la escuela de futbolistas.

Piru, el extremo eterno. El futbolista que sorprendió por su velocidad y *dribling* en un torneo de prueba cuando solo tenía 15 años y que, al principio, porque en mitad de la necesidad de posguerra había empezado a trabajar, no hizo mucho por querer fichar de inmediato por el Athletic.

Hay dos teorías al respecto del cambio de opinión. En una se incluye a su hermano Miguel, que era dos años mayor que él y acababa de fichar por el club rojiblanco. Esa teoría cuenta que Miguel tenía que hacer el servicio militar en Valencia y el Athletic dejó claro a Piru que si fichaba ya harían todo lo posible porque se revisase su destino y pudiera hacer la mili en Bizkaia.

La segunda, contada por Patxo Unzeta en *El País* con motivo del obituario del basauritarra, destaca que «Piru trabajaba como pinche en la Basconia, la principal fábrica de este pueblo metalúrgico, cuando recién acaba la Guerra Civil, fue fichado por el Athletic. Aunque el fútbol no era lo que más le interesaba, aceptó firmar porque le prometieron que a cambio le pasarían de aprendiz a tornero».

Murió en 1995, a edad de 72 años, y en su paso por la dirección de equipos siempre estuvo pegado a la cantera, aunque su trayectoria incluyese una etapa al frente del primer equipo.

Este sí, este no

Bilbao es el centro del Athletic. Pegado al nombre de un club que figura como Athletic Club, pero que allí donde juega siempre se añade de Bilbao. Eso sí, no se le ocurra decir el Bilbao, que por ahí entramos en batallas. El Bilbao es el Bilbao Athletic, filial de los leones, o el Bilbao Basket, equipo de baloncesto de la ciudad. Escucharlo de un argentino recién llegado es comprensible porque no está todavía puesto en esas disquisiciones, pero atender esa denominación en boca de Simeone, un argentino con más escamas en la liga que Tebas, o en los hinchas de la Real Sociedad no es fácil de digerir porque suena a maldad.

La ciudad se hace parte de un Athletic que se mete un poco más allá porque en su vieja concepción de «que jugaremos con los nuestros» ha reducido mucho la posibilidad de elegir jugadores. Ahora está más abierto que nunca: jugarán en el club futbolistas vascos o formados en las canteras vascas. Atendiendo al criterio FIFA de canteranos, el club tiene en la mano incluir un extenso ramillete de aspirantes, pero todavía hay cierta pulcritud a la hora de elegir quiénes y a qué edades entran en Lezama. De abrir esa ventana, la residencia de las categorías inferiores podría trasladarse a un hotel con cientos de habitaciones porque la FIFA especifica que la formación y educación de un futbolista se realiza entre los 12 y los 23 años y la UEFA acota que la condición de canterano va con los jugadores de entre 15 y 21 años que al menos han estado tres campañas en los equipos formativos de la entidad.

Con esas variables, el grupo de futbolistas con opciones de jugar en el Athletic sería abrumador, pero todavía no hay junta directiva que haya propuesto abrir las fronteras con escuelas formativas en países extranjeros bajo el amparo del club —lo que daría rango de cantera a los allí criados deportivamente— y tampoco han apurado la contratación de juveniles de último año, ya capacitados para elegir su futuro lejos del domicilio familiar, con ánimo de conseguir esos tres años que le acreditarían como canterano de carnet, aunque la operación cantase a canterano de postal.

Estas 'herramientas de apertura' no existían en tiempos pasados. Entre los 50 y finales de los 70 el club fue bastante cerrado respecto a la incorporación de futbolistas que no habían nacido en territorio vasco. Ni siquiera les valió haber adquirido ese nivel en clubes vascos, muchas de las veces enfrentándose al Athletic en partidos de preparación y competición oficial. No valía ni defender los colores del Indautxu, que pasa por ser centro neurálgico de Bilbao. Pues no, podías jugar en la SD Indauchu de Jaime Olaso, pero no hacerlo en el Athletic.

Txus Pereda, José Eulogio Gárate y Miguel Jones son ejemplos de que jugando y viviendo en las cercanías de San Mamés no lo tenían todo para jugar en el Athletic. Pereda, natural de Medina de Pomar donde tiene campo con su nombre, hizo

Angel Zubieta saluda a Etura en su presentación a la plantilla.

carrera en Real Madrid y Barcelona y fue internacional. En la plantilla del Athletic siempre tuvo amigos, pero nacer en una de las localidades burgalesas que más vizcaínos tienen en periodo vacacional fue un freno para vestir la rojiblanca. Jones, un guineano afincado desde muy pronto en Bilbao y con estudios en la Universidad de Deusto, tampoco consiguió 'licencia' para jugar con el Athletic, aunque sí es cierto que jugó un amistoso de prueba con los leones. El ejercicio resultó más que satisfactorio, hasta que la procedencia del nacimiento abortó el fichaje.

Igual que Pereda, no era vasco. Durante mucho tiempo las voces interesadas en crear ficticias polémicas añadieron que el color negro de su piel contribuyó como impedimento. ¡Vascos y racistas! Qué mejor letanía para crear división. ¿Por qué no había jugadores de raza negra en el Athletic? Nada más sencillo de explicar. No los había por la escasa incidencia que tenían en el fútbol vasco. Los que pensaban que era cuestión de racismo deberían visitar cualquier entrenamiento de las actuales categorías inferiores para darse cuenta de que su teoría es una falacia argumentativa.

El tercero del Indautxu sin visa para el Athletic fue José Eulogio Gárate, que había nacido por circunstancias en Argentina, aunque hizo su vida escolar en Eibar. Gárate era nieto de un eibarrés que fue teniente de alcalde de la localidad en la República y que por ese motivo se exilió. José Eulogio —el segundo nombre es en recuerdo de su abuelo— nació en Argentina durante una visita familiar a los abuelos. Lo estricto del autoimpuesto reglamento en el Athletic impidió que Gárate jugase para un equipo en el que ya había militado su tío, José Muguerza, que con motivo de la Guerra Civil fue uno de los integrantes de la selección de Euzkadi que compitió en México. Ni por esas.

El corte afectó a familias por la distinta procedencia de los descendientes. Ocurrió con los Sarabia. Manu, campeón de Liga y Copa con el Athletic de los 80, es vizcaíno de nacimiento y tuvo espacio para desarrollarse en Lezama. Lázaro, doce años mayor que él, había nacido en Jaén… y no fichó. Jugaba en el Gallarta, donde llevaba años viviendo porque su familia se trasladó a Bizkaia tiempo atrás, y destacaba como delantero en el club de la regional. Los ojeadores del Athletic le citaron para una entrevista en las oficinas de Bertendona con ánimo de formalizar una contratación que nunca se produjo por eso de haber nacido en Jaén. Este sí, este no.

Escuela de entrenadores

Lezama cumplidos sus primeros 50 años y son varios los futbolistas que en ese tiempo han completado la etapa de formación, el salto al primer equipo y su consolidación como profesionales.

La escuela de futbolistas que fue albergando la primigenia instalación también ha tenido un espacio para los entrenadores, que quizá fue algo que no se valoró en el inicio pero que ha tenido enorme trascendencia con el paso de los años.

El foco principal atiende al jugador, aunque ese camino no tiene recorrido posible sin la certeza de que se está en buenas manos. Desde su fundación han sido varios los técnicos que arrancaron sus carreras en las categorías inferiores e igual que los futbolistas también han ido saltando escalones hasta convertirse en profesionales de los banquillos. En los desvelos de los fundadores no había espacio para la escuela de entrenadores que ahora también es Lezama.

Ernesto Valverde, que comenzó la campaña 2022-23 encabezando la lista de entrenadores con más partidos en la historia del club, es un buen ejemplo de la formación integral que se recibe en la factoría rojiblanca. Al Txingurri le falta el haber sido parte de la cantera en sus tiempos de futbolista. Jugó en el primer equipo, pero llegó como fichaje. De haber hecho carrera de delantero desde las inferiores de Lezama no habría duda de que en el algún lugar de las espectaculares instalaciones habría una placa, busto o fotografía, que a él le encantaría, en su honor.

Valverde quedará por mucho tiempo a la cabeza de los entrenadores con más partidos y victorias en la historia del club. En un fútbol efímero y de mecha corta en lo referente a los que gestionan los banquillos, el Athletic no es ajeno a la tendencia, y los bailes alrededor de los técnicos son constantes. Entre la segunda y la tercera etapa de Valverde en el Athletic se contaron cinco años y cuatro entrenadores diferentes —ninguno de ellos formados en los banquillos de Lezama, por cierto— en una lista que lleva los nombres de Ziganda, Berizzo, Gaizka Garitano y Marcelino. Con semejante volatilidad es complicado que uno se haga fuerte en el sitio.

Quizá Valverde lo ha hecho porque Lezama es su sitio. El Txingurri llegó al club de la mano de José María Amorrortu para dirigir a uno de los equipos cadetes en la temporada 1997-98. Meses atrás había colgado las botas como futbolista en el Mallorca después de una exitosa carrera que además de en el Athletic incluyó campañas en Mallorca, Barcelona, Espanyol, Sestao y Alavés. De cada club se cargó de experiencias que le han servido para confeccionar un carácter y un estilo de vida: un amante de la lectura que aprecia el arte en las buenas películas y que siente pasión por la fotografía, con instantáneas de marcado estilo. Además, fuera del campo el técnico mudó en cicloturista y no hace feos a tocar la guitarra.

El espíritu de entrenador lo forjó en Lezama, desde aquel cadete que ganó la Nike Cup en París. Luego ascendió de categorías, ejerció como adjunto a la dirección deportiva, dirigió al

Koldo Aguirre, Heynckes, Senekowitsch, Aranguren e Iribar. Todos han sido entrenadores del Athletic.

Bilbao Athletic y saltó al primer equipo. Mucho le tiene que tirar el Athletic para volver dos veces al club cuando su cartera de potenciales clientes es amplia. El Valverde futbolista se empapó de rojiblanquismo en un vestuario al que llegó como fichaje y se fue como amigo. Y el gusanillo del banquillo, que lo tenía, se lo alimentó José María Amorrortu, que, en su condición de coordinador general de Lezama, tarea que desarrolló durante 15 años, le convenció para que al colgar las botas en Mallorca no diera la espalda al fútbol. Amorrortu, en su condición de jefe de Lezama, está implicado en el currículum de muchos entrenadores que empezaron a vivir la profesión en Lezama.

Amorrortu siguió la estela de Iñaki Sáez, que sí puede decirse que es padre futbolístico de una legión de técnicos. Iñaki Sáez 'Jaburu' se incorporó en 1974 a un Lezama que todavía desconocía su potencial y salió del club en 1992. Destacó en la labor de coordinación del entramado deportivo, entrenó en todas las categorías e hizo de apagafuegos en el equipo en tres ocasiones. En la tercera se quedó más tiempo y fue su despedida.

Javier Clemente, que tiene hueco en el libro de honor por títulos y partidos dirigidos, es otro entrenador de carrera en Lezama, aunque antes de fichar por la estructura rojiblanca ya había entrenado al Arenas. El verano de 1976, que fue cuando Clemente entró en Lezama, Koldo Aguirre se incorporó al primer equipo desde la cantera. Estuvo 137 partidos al mando de un Athletic que rozó el doblete en Copa y UEFA pero que quedó subcampeón en los dos torneos.

José Francisco 'Txetxu' Rojo, que estuvo 70 partidos en la dirección del Athletic, aglutinaba la doble faceta de genial futbolista y entrenador curtido a base de tardes en las categorías inferiores del club: infantiles, juveniles, Bilbao Athletic y ayudante de primer equipo.

Pero que nadie lo vea como fórmula infalible. También tiene sus socavones. Y cuando estos llegan el daño es más grande que con los entrenadores que llegan sin vinculación anterior con Lezama. José Luis Mendilibar y Félix Sarriugarte no suman 30 partidos entre los dos en las temporadas 2005-06 y 2006-07. Ambos habían enlazado distintos equipos de la estructura hasta que les llegó la oportunidad del salto, pero los resultados acabaron con sus aspiraciones.

José Ángel Iribar, histórico donde los haya, también fue uno de esos entrenadores que a partir de la base contó con un breve periodo en la cúspide (54 partidos). El Chopo entendió que aquella no era su guerra y se dedicó a la puesta a punto de los porteros, que es una disciplina en la que el Athletic no se ha dejado nada atrás.

Lezama puede distinguirse como referencia en la preparación de guardametas, que refrenda con la categoría de los que han ido creciendo en sus instalaciones.

Las vacas de Lezama

Como en esas postales de color que llenan expositores giratorios en cualquier gasolinera, Lezama bien podría ser una de ellas, porque forma parte del Camino de Santiago. De hecho, bordeando las instalaciones del Athletic son muchos los peregrinos que bien andando o bien en bicicleta caminan en dirección Zamudio, casi siempre a primeras horas del día.

Años atrás, cuando lo de entrar en Lezama era más natural que ahora, casi sin vallas ni puestos de control, algún que otro peregrino se pasaba por el campo para ver entrenar de cerca al primer equipo y distraer unos minutos su marcha.

El cambio de estructura en los edificios ha ido cerrando la instalación, pero hubo un tiempo en el que la mayor parte de los campos daban a los terrenos de los caseríos contiguos. Y allí, como en muchos caseríos, había vacas. Muchas vacas. El campo 3 lindaba con un vasto terreno de pasto, igual que el campo 1, que es donde habitualmente entrena el Athletic. Donde ahora se levanta el edificio exclusivo y el parking de la primera plantilla, o en el edificio de vestuarios de la zona más alta de las instalaciones, adquiridas con el paso del tiempo a los vecinos, había vacas. Muchas vacas.

Javier Clemente les sacó partido en una de sus 'disquisiciones' con periodistas. «Las vacas de Lezama llevan toda su vida viendo fútbol y no por ellos saben nada de esto», respondió a uno de los periodistas que le interpelaba.

La frase hizo gracia. Y caló por tiempo. Tanto que se ha prolongado hasta nuestros días, aunque no siempre se le atribuye a Clemente y se le dan otros padres.

Otro de los que también recurrió a las vacas en más de una oportunidad fue Luis Fernández, que es de los primeros entrenadores que en el Athletic comenzó a hacer entrenamientos a puerta cerrada. El tarifeño sacaba al equipo del campo 1, que daba a la carretera adyacente, y lo llevaba al 3, alejado de cualquier acceso y solo lindando con un terreno de pasto vacuno. El técnico bromeaba con aquello cuando alguno de los periodistas que habían desafiado 'el puerta cerrada' tratando de observar el entrenamiento desde alguna campa cercana daban cuenta a sus lectores y oyentes de los movimientos ensayados. «¿Qué, otra vez le habéis preguntado a las vacas?».

Las vacas de Lezama ahí siguen, aunque cada vez son menos. Ahora el perímetro exterior cuenta más para el laboreo vitícola de *txakoli*, que tiene en Lezama una de las glorias de ese vino en Bizkaia, que las vacas.

También hubo un tiempo, ante la novedad de los entrenamientos a puerta cerrada de Luis Fernández, que en esas campas hubo periodistas, a veces organizados hasta con prismáticos para dar detalle de lo que ocurría en el terreno de juego. Difícil de olvidar será el amistoso que organizó Luis Fernández sin público ni periodistas ni redes sociales en las gradas. Hubo que seguirlo allí, con las vacas, haciendo turno de prismático para contar lo que allí ocurría. «Que os lo cuenten las vacas», bromeaba el tarifeño.

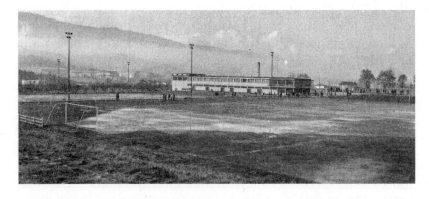

Lezama inicio su andadura en 1971 con tes campos
y un edificio para vestuarios y salas de trabajo.

Si la teoría de Clemente fuese inversa y las vacas supiesen de fútbol, el que tendría que saber mucho de vacas y *txako-li* era Jesús Rentería, exjugador del Athletic que entre 1986 y 2002 fue guardés de las instalaciones y durante muchos de esos años vivió junto a su familia —María Jesús, su esposa, y sus hijos Josu y Aitor— en la casa que había en el edificio principal de las instalaciones. Rentería era la primera y última cara que veían cada jornada de entrenamiento todos los jugadores del Athletic. Levantaba el candado y echaba el cierre cada día. Solo él, ya fallecido, podía sentir lo que era pasear por las instalaciones con la noche ya cerrada y sin el bullicio de los campos en plenitud. Tenía la casa más deseada del mundo rojiblanco igual que antes lo había sido la de los Birichinaga en el viejo San Mamés.

El disfrute de vivir cada instante en una escuela de fútbol como la del Athletic también la tuvo Howard Kendall, que nada más firmar por el club eligió vivir en una de las estancias que había en la parte superior del edificio, lugar que acogía las concentraciones previas a los partidos del primer equipo. El técnico británico hizo buena amistad con Rentería, aunque el primero no hablaba castellano y el segundo no podía seguir la conversación del primero en inglés. Lo suyo fue una amistad de fútbol. Kendall fue uno más de la familia. Puede que ningún otro entrenador del Athletic haya tenido la oportunidad de sentir tan dentro la sensación de que las instalaciones eran su casa, que es una frase muy de manual pero que solo el británico llevó a últimas consecuencias.

Esa conexión tan intensa con el centro de trabajo también le habría gustado a Bielsa, que al fichar por el Athletic en 2011 se planteó la posibilidad de residir en Lezama, si es que las instalaciones estaban habilitadas como los complejos deportivos en los que estuvo en las selecciones de Argentina y Chile. En su primera incursión en el club no hubo ocasión de hacerlo, que es algo que sí podría haber llevado en caso de que las elecciones de 2022 las hubiese ganado Iñaki Arechabaleta en vez de Jon Uriarte. La residencia para jugadores de cantera tenía una habitación con su nombre.

El ojo del talento viaja en tren

En el fútbol profesional todo se hace rápido. Velocidad y decisión mandan en todos los ámbitos del negocio. Siempre que esas condiciones lleven aparejadas el talento. En un club formativo y de captación, el ojo es determinante. Rápido y certero para decidir qué hacer con cada futbolista, qué joven merece una oportunidad, quién tiene opciones de progresar en otro puesto... No es un trabajo bien pagado porque la vida está cargada de reproches, muchos de ellos interesados, y lo fácil será recordar el error en vez de glosar el acierto. No hay grises. Uno de los ojos más avezados de Lezama es el de Blas Ziarreta (Santurtzi, 1947), que tras una larga carrera como entrenador en 2004 se incorporó al organigrama de cantera del club. En la web de la entidad le presentan como secretario técnico y en la web del club detallan que «se incorporó al organigrama del Athletic Club como coordinador de relaciones con los clubes convenidos. En 2008 pasó a compaginar sus tareas con los clubes convenidos con encargarse también de la optimización de instalaciones, captación y fidelización de jugadores, y proceso final de formación».

En esas dos décadas en una entidad en la que antes también había sido entrenador del Bilbao Athletic, Blas ha hecho de todo, pero sin perder el pulso de que lo suyo era echar el ojo a los proyectos de futbolista. La tarea de oficina en las instalaciones la complementa con los partidos en directo. Analiza y madura a conciencia. Los pensamientos sobre qué aconsejar para cada uno de ellos los madura en los viajes en tren que hace de Lezama a Bilbao cada día, para allí coger otro transporte público hacia su domicilio familiar. Pese a no conducir no hay fin de semana en el que no vea varios partidos en distintas localidades. Donde no llega el transporte público lo hace un buen amigo.

El ojo de Blas ha tenido diversas facetas en el club. Nada más incorporarse a la entidad el Athletic confió en él para el *scouting* de rivales especiales. Así, cuando en 2005 el Athletic de Valverde se enfrentó en una eliminatoria UEFA al Austria de Viena la dirección del club decidió que Blas viajara hasta Marbella para hacer un completo análisis del equipo austriaco, que durante unos días realizaría un *stage* con entrenamientos abiertos al público y dos partidos en las instalaciones de Marpafut, ahora Marbella Football Center.

Los austriacos tenían como director deportivo a Toni Polster, al que Ziarreta tenía más que fichado de su paso por LaLiga. Y Polster también tenía clavado al espía rojiblanco, pues hasta que fichó por el Athletic destacó por ser el entrenador que más partidos había dirigido en Segunda A y no pasaba desapercibido.

Ziarreta ocupó durante esos días una localidad en una de las tribunas abiertas al campo de entrenamiento del Austria de Viena para ir recogiendo impresiones sobre lo que allí veía. El día del partido ante el Brondby que entrenaba Laudrup, cita que el que esto les cuenta tuvo que atender para su periódico, Ziarreta me llamó la atención con un saludo y animó a que me sentara con él. Un tiempo enriquecedor y provechoso porque en poco rato el técnico diseccionó al rival, mostró las características de jugadores a los que uno ni conocía y advirtió de las alternativas de juego que tenía el equipo. Todo un espectáculo.

El desempeño de Ziarreta desde 2004 no es el único del santurtziarra para el club ya que entre 1991 y 1993 dirigió al Bilbao Athletic en Segunda División. El técnico dirigió a un grupo en el que aparecían futbolistas como Lambea o Carlos García, que luego hicieron carrera en el primer equipo, y también asistió a la poderosa irrupción de Julen Guerrero, que saltó del juvenil para debutar como profesional con poderío y se incorporó casi al instante al primer equipo a las órdenes de Heynckes. «Vivo el fútbol con mucha intensidad y, por mi forma de ser, no me gusta perder ni a las canicas. Esta es una profesión en la que trabajamos para agradar, pero sobre todo para ganar», contaba en una entrevista para *El Periódico de Aragón* cuando el Eibar se iba a enfrentar al Zaragoza.

Blas Ziarreta tuvo una destacada labor como entrenador y en los banquillos era conocido por una vitalidad y nervio que años después recordó Mendilibar. El ardor con el que dirigía lo trasladaba al día a día en su profesión. Incluso en el autobús que trasladaba al Bilbao Athletic a los partidos, con varias noches de domingo en las carreteras de camino a Lezama. Autobuses Pardo era la empresa que gestionaba los desplazamientos de los equipos del Athletic en esa etapa. Los viajes de vuelta en partidos que no habían ofrecido el resultado deseado tenían al chófer, siempre el mismo, como uno de los interlocutores de un Ziarreta que sentado en una de las primeras butacas dejaba que los futbolistas echasen el rato de mitad del autocar hacia atrás.

El chófer sabía siempre de qué humor estaba el entrenador por lo que decía. A veces a partir de las películas que solicitaba para aliviar la pesadez del viaje. «Mira a ver si tienes una de vaqueros que con un poco de suerte alguno de estos se lleva un tiro», dijo uno de esos días en los que el juego no había ido bien. Comparable a la tarde que montó en el autocar y de pie en mitad del pasillo, agarrado a la bandeja de equipajes y consciente de que los jugadores estaban al tanto de lo que diría espetó al conductor: «Ponles una película de risa… y al que se ría le muerdo la yugular».

El buen corazón de Rojo
y el gen de la casa

La víspera de Nochebuena de 2022 el Athletic perdió a Txetxu Rojo. 'Polvorilla' se fue después de una enfermedad que le había ido apagando los últimos años. Tuvo una despedida de altura en la bilbaína Basílica de Begoña. Uno de sus coetáneos decía en *petit comité* que Txetxu era tan grande que incluso falleció el día en el que su obituario duraría dos días en los periódicos, por eso de que las ediciones de papel, salvo en Catalunya, se suspenden el 25 de diciembre y el periódico vigente sigue siendo el del día 24. El todavía segundo jugador con más partidos en la historia del club era un tipo de corazón gigante, empático y solidario, aunque su nervio hiciera que alguno tardase en poner en valor esa condición creyendo que delante solo había fachada. Txetxu Rojo siguió con la tradición de un club que quiere que sus jugadores sean más que futbolistas. El Athletic, afortunadamente y en su gran mayoría, siempre ha presumido de personas.

El paraguas social de Rojo que aparece ahora se produce más allá de las fronteras de Lezama, lo que anima a pensar que el tipo era así por convencimiento y no por ser un *bienqueda* al abrigo de conocidos y fervorosos aficionados. En 1992 Rojo era entrenador de un Celta que acababa de fichar a Cañizares, prometedor portero que tras formarse en la cantera del Real Madrid había jugado las dos últimas temporadas en Elche y Mérida. Campeón olímpico en Barcelona 92, el Celta lo fichó ese verano por alrededor de 360.000 euros. Terminados los Juegos Olímpicos, con la pretemporada superada y luciendo ya como debutante en Primera División (6 de septiembre de 1992) el portero pidió a la junta directiva celeste un adelanto de la ficha para atender un problema personal. Necesitaba 18.000 euros para levantar un embargo que pesaba sobre la casa familiar del que el portero había tenido conocimiento por una llamada de rescate de su padre.

El Celta, por diversos motivos, descartó una petición que Cañizares consideraba sí atendería. El asunto no escapó de Txetxu Rojo. El técnico se enteró de qué pedía Cañizares y por qué lo pedía. Llamó al portero a su despacho y tuvo una conversación más que cercana. Además, le extendió un cheque por esos 18.000 euros sin exigirle garantías de pago ni establecer un calendario de los mismos. 'Cañete' atendió el requerimiento de su padre y salvó la casa familiar. Semanas después, tras recibir el premio económico que los seleccionados olímpicos habían pactado por el oro, el portero devolvió el dinero a Rojo.

El buen corazón de Rojo quedó marcado para siempre en Cañizares y su familia. El exportero lo ha dejado claro con el tiempo: «Desde aquel momento yo beso por cualquier sitio por el que deba pasar Txetxu». El gesto solidario de Rojo forma parte del ADN de un vestuario que tiene una particular forma de hacer con sus protagonistas. No es que el Athletic sea una ONG, pero en esa caseta a lo largo de los años ha habido otras grandes decenas de ejemplos que sus protagonistas han querido guardar con celo. Igual que había hecho Rojo con el préstamo a Cañizares.

Txetxu Rojo, junto a los expresidentes del club José María Arrate y Ana Urkijo.

La buena condición humana de los jugadores del Athletic se atestigua con donaciones y pupilaje por varios futbolistas de los años 20 y 30, que fueron colocando al club en un escalón distinto al de una simple acción deportiva. En los años 60 y 70, coincidiendo con otras épocas y albergando nuevas iniciativas, hubo varios futbolistas significados con acciones sociales. Los vestuarios de Lezama y San Mamés han ejercido de caladero de solidaridad. Pero no le pongan el aura de santidad a todo el que vista la rojiblanca ni crean que en la casa impera el discurso de Gandhi porque bandarras también ha habido y habrá. Que eso es consustancial a la naturaleza humana.

Pero el Athletic sí puede presumir de buena gente. En los últimos años esa buena relación de los protagonistas del club con la sociedad se ha mantenido. Y más allá de los gestos y acciones que se conocen como donaciones a bancos de alimentos, contribución económica y social en distintas campañas, muchos futbolistas inciden en iniciativas personales y privadas en las que manda el hermetismo porque la publicidad está en el otro extremo de lo que pretenden. Y por esa vía ha habido y habrá acompañamiento a familias en proceso de duelo, estrecha colaboración con trabajo de campo en instituciones que abordan tareas con desfavorecidos, implicación en ONGs con posicionamiento al otro lado del Atlántico, acogidas afectivas...

De Osram a Luis Fernández

La distinción de jugar solo con vascos o futbolistas formados en equipos vascos no sabe de entrenadores. El Athletic ha sido (y será) club referente para muchos técnicos. Si no puedes jugar en él por no ser vasco o por haber hecho carrera de cantera lejos de País Vasco, por qué no vas a entrenarlo. Entre William Barnes, el de West Ham fue el primer entrenador extranjero que tuvo a sueldo el Athletic, y Eduardo Berizzo, hasta la fecha el último foráneo que se ha sentado en el banquillo, el club rojiblanco los ha tenido de todos los colores y estilos. Salvando a los históricos Pentland, Daucik o Ronnie Allen, que manejaron unos banquillos ya lejanos para los aficionados, la década de los 90 fue prolífica para dar cabida a entrenadores que venían de otras fronteras. Fueron los tiempos de Jupp Heynckes, Dragoslav Stepanovic y Luis Fernández. Alemán, serbio y francés. Casi nada porque cada uno defendía un estilo y un espíritu muy diferente. Los que los tuvieron cerca cuentan que no había día para perderse.

Jupp Heynckes (Mönchengladbach, 1945) llegó a Bilbao en 1992 de la mano del presidente José Julián Lertxundi. El Athletic era su primera aventura lejos de su país, donde había dirigido a Borussia Mönchengladbach y Bayern Múnich. La andadura en los banquillos venía precedida de un largo tiempo como jugador profesional lustrada con Eurocopa y Mundial con la selección alemana. Heynckes era modelo de germanidad. Impresionante. El técnico no concebía muchas de las tradiciones de los jugadores en el club y siempre las contraponía con lo hecho y vivido en su carrera profesional. Que si en Alemania era así, que si en Alemania mejor porque esto, que si en Alemania mejor por esto otro... Tenía carácter y lo mostraba. Cuando algo le enfurecía no podía ocultarlo y su rostro enrojecía a la vez que elevaba el tono de voz. Por algo le apodaban Osram, una empresa de recorrido mundial con sede en Alemania que se dedicaba a la iluminación. Y a la venta de bombillas. Heynckes, enfadado, era una bombilla.

También demostró que ser un poco 'cabeza dura alemán' no es comparable a ser 'cabeza dura vasco'. El Athletic tenía por costumbre poner una botella de vino en cada mesa en las comidas del equipo, una botella para cuatro que en mejor de los casos era un vasito de vino, que la mayoría de los jugadores ni tan siquiera se servía. De la misma forma ocurría en la mesa de técnicos, personal médico, utilleros, jefe de prensa, directivo encargado... sin que nunca se pasara de una copa de vino en las comidas.

Pero Heynckes decidió retirar la botella de las mesas y de los jugadores, y, consecuentemente de 'la otra mesa' lo que suscitó un debate que Jupp zanjó al instante. Uniformidad en todo, vestimenta, comidas, horarios, etc.

Y ocurrió, que el médico del equipo, Ángel Gorostidi, no estaba de acuerdo y... «yo no tengo que jugar y siempre he tomado un vaso de copa de vino en las comidas». Nada, que Heynckes no entraba en vereda y que Gorostidi, no movía pieza. Y, mientras uno comería más tarde, el otro lo hacía fiel a su decisión, comer sin vino.

No pasó mucho tiempo hasta que Jupp pensó que una, solo una, copa del vino de Rioja que el Athletic tenía como vino de la casa hacia mejores las comidas y a las personas cuando se bebe con moderación.

El alemán dirigió al Athletic en dos periodos distintos. En el primero estuvo acompañado de un traductor (Otto Tarnow) que se hizo casi tan popular como él porque le seguía a todas partes entre el campo y la sala de prensa. En el segundo, más pausado, el veneno lo tenía en el interior de su cuerpo técnico. Con el Athletic metido en faena y sin tener claro qué ocurriría la siguiente campaña, uno de sus ayudantes se postuló ante la directiva para ser el nuevo director técnico del equipo. Ni la directiva atendió la petición ni Jupp lo mantuvo en su cuerpo técnico para lo que vino después, que fue muy bueno, ganando

Bundesliga y Champions con el Bayern. Fue su segunda orejona después de haberla ganado con el Real Madrid.

Uno de sus últimos enfados de 'bombilla' lo tuvo en marzo de 2003, en Lezama. Ese día se cruzó con Iribar por el pasillo de las viejas instalaciones y al instante le advirtieron que era el cumpleaños del Chopo, que hacía 60 años. Heynckes mudó en Osram y enrojecido por lo que consideraba una afrenta pidió explicaciones al club de por qué Iribar, que sigue siendo el jugador con más partidos en la historia del club, no tenía una celebración oficial al alcanzar los 60. Ni lo duden: «Esto no habría pasado en Alemania».

Casi pegado a Heynckes estuvo el corto periodo de Dragoslav Stepanovic, un serbio con pinta de actor de folletín que en sus tiempos podía pasar perfectamente por el doble de Espartaco Santoni. Stepi, que así se hacía llamar, no cumplió entera la temporada 1995-96 porque fue destituido. Y eso que empezó la campaña con sueños que terminaban, subidos en una gabarra surcando la ria, sobre todo después de arrollar al Racing (4-0) y ganar en el Bernabéu (1-2). Stepi era un tipo peculiar. Lo mismo te regalaba unos puritos con vitola propia de los que fumaba —dicen los que los probaron que si fumar ya es malo lo de fumar aquellos puros era delito— que deleitaba con fábulas de Dalmacia para tratar el momento del equipo. En Lezama todavía recuerdan el día que dijo que quería pintar todos los campos de entrenamiento con cuadrados... Un visionario porque treinta años después lo de segmentar el campo de entrenamiento va en el libro de estilo de mil y un entrenadores.

La década de los 90 se cerró con otro técnico que se hizo de casa. En 1996 Luis Fernández, nacido en Tarifa, criado en Francia y campeón de Europa con los *bleus*, firmó con el Athletic que dirigía José Mari Arrate. Cautivador desde el primer día, tomó tierra en el viejo aeropuerto de Sondika con unos vaqueros blancos y una camisa igual de clara. No era de los que les gusta pasar con medianías por la vida. Se quedó cuatro años en Bilbao y conectó con la grada como hacía tiempo no enganchaba un entrenador. Clasificó al equipo para la Liga de Campeones y protagonizó noches mágicas en un San Mamés al que ponía en pie en más de una oportunidad.

Criado en Venissieux, en las afueras de Lyon, el tarifeño, que ese era su apodo de guerra, nunca olvidó sus orígenes. En un amistoso de pretemporada frente al OL a Luis le dio por citar en el hotel a una buena parte de su cuadrilla de la infancia… ¡Había que verlos! El verano de 1998 llegó a la pretemporada del equipo en La Chatre un día más tarde que el grupo porque ese verano era comentarista de televisión durante el Mundial que ganó Francia. Lo disfrutó como si fuese uno más de aquel vestuario. Apareció en un coche oscuro a media mañana, sin haber dormido, y no se podría negar que en aquel coche había también alguno de los amigos con los que compartió andanzas en Venissieux. Subió a su habitación, se cambió, y bajó al entrenamiento quedando con cada uno de los periodistas para una entrevista en el comedor. Sí, en el comedor. Uno con el primer plato, otro con el postre, el tercero más tarde con un pastís…

Luis Fernández, que también es un enamorado del toreo, posa en un lance de capote en Vista Alegre.

Luis era un torrente de emociones y espontaneidad. «Si tienes alguna duda con la alineación me llamas antes de escribir el artículo», te decía. Le llamabas y al otro lado del teléfono repasaba uno a uno el equipo para que lo pudieras incluir en el periódico. Al día siguiente, el día del partido, la alineación tenía dos cambios. «Es que todo no te lo puedo dar, alguno que no juega siempre hay que meter para que el otro entrenador tampoco lo tenga claro», explicaba convencido de acertar. A Luis le tocó la inundación de medios de comunicación en Lezama. Hasta su llegada era habitual charlar con los jugadores al salir del campo de entrenamiento e incluso acompañar esa conversación hasta la puerta del vestuario. Pero había tanto periodista que tocaba modular las intervenciones. La puerta que separaba el hall de los pasillos interiores ya estaba siempre cerrada y al lado de la sala de prensa el tarifeño pidió montar un atril. La idea es que él hablase en la sala de prensa y los jugadores en el atril. ¿Por qué? «Porque si dejamos que se sienten pueden estar cómodos y decir lo que no interesa».

Licencia de tragicomedia

Los vestuarios y campos de Lezama, los de antes y los de ahora, sus salas de reuniones e incluso los espacios habilitados para guardar los coches han sido escenario de cuestiones que escapan del ámbito futbolístico y van más allá de la práctica y ejercicio de una profesión venerada y admirada. Entre unos y otros ha habido más de un encontronazo, que es algo lógico cuando se pasan tantas horas juntos, pero también ha habido sus cosas con otro gremio que no se viste de corto pero que tiene mucho que ver con el fútbol: los periodistas.

Centrémonos en lo vivido entre la segunda parte de los 90 y la actualidad, que es lo que le ha tocado vivir al que esto escribe. 'Lezama y sus gentes', que diría el clásico, dan para mucho en la relación existente entre periodistas y técnicos y futbolistas. Es un mundo de tragicomedia.

En este trayecto, con días que se han hecho muy cortos y otros que han parecido meses alrededor del Athletic, el contacto entre las dos partes ha crecido en distancia. Es conocido y correcto decir que la relación ha ido disminuyendo a medida que corrían los años. Se ha pasado de volver a casa montado en el coche de un jugador que vivía cerca de la redacción o del domicilio del periodista, incluso de acercar a su casa en el coche de periodista a algún futbolista que ese día había llegado con otro compañero y se había quedado sin transporte, a tener el aparcamiento de los jugadores cercado por una valla y alejado del trayecto de cualquiera que no tenga tarjeta de acceso a una zona restringida de la instalación.

El giro ha sido tal que antes no había reparo en hacer una entrevista en la sidrería próxima a la puerta principal, con el protagonista futbolero apretándose una tortilla después de la sesión, y ahora las entrevistas están acotadas a un espacio. Ni qué decir las comidas. Había una cafetería en el pueblo de Lezama, frente a la iglesia y el cajero automático, que los 90 se encargaba de los desayunos de la mayor parte de los leones que no ponían peros a un bollo de mantequilla o un croissant con chocolate antes de seguir camino hasta el complejo deportivo. El estudiado bufet de ahora, con desayunos y comida en el comedor principal a partir de un menú elaborado por dietista, carece de semejantes piezas.

La relación entre periodista y futbolista es compleja. Y se hace más a medida que cumples años. Hay un momento en esta bendita profesión en que coincides en edad con los que están al otro lado de la valla y cada día ves entrenar con el escudo del Athletic. En ese punto te acercan más aspectos de los que te separan. Por eso en las concentraciones de verano compartías espacio en el minigolf o a ciertas horas quedabas en la cafetería para hablar de la jornada. Hubo veces, en los veranos de Inglaterra, que algún futbolista te pedía el coche para circular al revés del mundo, que es como 'manejan' los británicos. Nada que ver con lo de ahora.

En esos felices 90, cuando la sala de prensa estaba justo al lado de la puerta de acceso al pasillo que llevaba al vestuario, había una frase que uno temía cuando por allí aparecía determinado entrenador. El despacho del técnico estaba escaleras arriba de esa puerta y allí, cada mañana, estaban los periódicos de la jornada, además del reporte de lo que habían dicho las radios. Un singular y querido entrenador aparecía con cara de pocos amigos cuando había leído o escuchado algo que no le había gustado. «Monta para arriba», gritaba mirando al sujeto en cuestión, que no era siempre el mismo, aunque sí hubo muchos que escucharon ese «monta para arriba». ¿Arriba? Allí había que explicarse.

Peor se daba cuando el que se consideraba agraviado por algún comentario de sus amigos a una información publicada era un futbolista. Tardaré en olvidar el día que esa puerta se abrió con un tipo de los grandes al otro lado pidiendo por favor que cruzara el umbral, que teníamos que hablar… El gesto y el tono de mi interlocutor eran para preocupar, pero más todavía cuando se me ocurrió acercar la mano a su pecho para pedirle calma y decir que no pasaba nada. Él no lo recordará, yo todavía tengo afectado el metacarpiano después de haber tocado a aquella roca humana.

Durante mucho tiempo la tradición decía que, por Navidad, aunque cuestiones del calendario lo fueron retrasando a veces hasta fechas en las que no había nada que celebrar, se jugaba un partido entre un equipo de técnicos y directivos y otro de periodistas. Hubo años mágicos. Los más cercanos en el tiempo son los menos, porque hay poco directivo y mucho técnico de categorías inferiores, con los que no tienes apenas relación y encima corren como aviones. La cosa es pasarlo bien. O eso decían. Por Lezama todavía se recuerda el día que un entrenador del club levantó a un periodista con una entrada de roja y luego no atendía a razones.

Cecilio Fernández, Germán Elorza y Claudio Orio fotografiaron grandes momentos de la historia del Athletic.

No todo ha sido distancia. En otro periodo navideño, un avezado y veterano periodista de televisión azuzó a saltar al ruedo a 'un maletilla'. Sin astados de por medio, claro. Estábamos esperando el inicio del entrenamiento en la sala de prensa y allí apareció 'un figura vestido de corto', diciendo que era su día y que quería entrenar. El periodista en cuestión, que por amigo no diré su nombre no vaya a ser que la familia del interfecto vaya a buscarle, le dijo que adelante, que no tenía nada más que ir al campo 1 y que el equipo saldría en un instante. El aspirante se lo tomó tan en serio que entró al campo a la par que Urzaiz, que le miraba con cara de sorpresa, y ante la sonrisa de Luis Fernández, que permitió al chico dar una vuelta de calentamiento con la plantilla.

El instigador y el resto de 'canallesca periodística' que aquel día estuvo en el entrenamiento del Athletic en Lezama lo siguió desde la banda, al otro lado de una valla de piedra, sin poder ocultar la risa. Y esa risa se hizo carcajada días después cuando allí ubicados los mismos, un redactor que ha crecido en el cargo con el tiempo salió corriendo al aparcamiento con rostro desencajado porque otro integrante del gremio había comentado nada más llegar que un camión de Coca-Cola había perdido la carga, que había impactado sobre un determinado modelo de coche. El mismo modelo que se había comprado la víctima y del que llevaba largo rato hablando. Claro está, no había camión ni accidente alguno.

En ninguno de los casos, independientemente de quién fuera el protagonista, hubo rencor… aunque sigo dudando de que el que recibió aquella dura entrada de un entrenador sea capaz de proponerlo para un premio de la Asociación de la Prensa.

José María Múgica

En 2023 se cumplen 30 años del fallecimiento de José María Múgica, un periodista singular. Bilbaíno de honor y corazón, José María Múgica fue un personaje único. El legado de su pluma queda en manos de su hijo Jon, cronista de «bilbaínas o bocherías» que también tuvo un pasado como periodista deportivo. José María estaría orgulloso de Jon, que se ha labrado un camino distinto al de su padre, y ha conseguido reunir también la singularidad alrededor de lo que hace. Puede que sea cuestión de cuna. Los Múgica periodistas son así.

José María vio la luz en 1935 y murió en 1993 en el hospital de Basurto, muy cerca del campo de San Mamés en el que tantas tardes había disfrutado. No solo estuvo en la tribuna de prensa o en los vestuarios, en más de una oportunidad se vistió de corto para alinearse en el anual partido entre 'gordos y flacos'. Él iba

Jose Mari Múgica, frente a su máquina de escribir.

con los gordos y con el tiempo pasó del césped a la organización. La enciclopedia Auñamendi, dedicada al estudio de la cultura y sociedad vascas, le incluye en una de sus entradas:

«Periodista vizcaíno, nacido en Bilbao en 1935. Crítico deportivo de *El Correo Español-El Pueblo Vasco* y de la *Hoja del Lunes* bilbaína desde 1958 hasta 1970. Colaborador de Radio Popular de Bilbao. Redactor Jefe de *La Gaceta del Norte* de 1970 a 1980».

Múgica era redacción y voz del Athletic, club por el que sentía pasión. Hay volúmenes de historia del club con su firma, uno de ellos en forma de crónica en fascículos en el que compartió autoría con Paco Crespo y Juanjo Baños, que eran otros dos periodistas de la época.

Marcaban tendencia y pensamiento. La palabra de Múgica tenía gran influencia en el lector y el mismo respeto que le tenía el que buscaba sus crónicas o sus espectaculares *sputniks* anidaba en el vestuario y en la junta directiva cuando Múgica hablaba de ellos.

Sputnik ¿Le suena? Si leyó a Múgica o se ha adentrado en la historia del periodismo alrededor del Athletic seguro que lo asocia al periodista y no al satélite artificial creado y lanzado al espacio por la vieja URSS en diferentes versiones —en una de ellas iba a bordo la perrita Laika. Habiendo leído a Múgica la referencia *sputnik* tampoco le llevará a la agencia de noticias que opera desde 2014 bajo el amparo del gobierno ruso. Nada que ver. *Sputniks* eran las frases breves de Múgica que aparecían en las páginas deportivas del diario. Acidas, inteligentes, irónicas, ocurrentes, gráciles… Se puede decir que el *sputnik* fue el primer antecedente de tuit puesto que Múgica empleaba frases cortas y directas para un análisis que una vez leído corría de boca en boca. «Yo no he leído la Constitución, pero a lo mejor pone que no puede ganar la Liga más que un equipo de Madrid», escribió en el periódico tras lo que consideraba un vergonzoso error arbitral.

Los *sputniks* trascendieron a la vida social de los seguidores del Athletic. Múgica tuvo un enfrentamiento conceptual con Ronnie Allen, que había decidido limitar la presencia de los periodistas en los vestuarios del equipo al término de los partidos y también quería alejar a la prensa de ciertas intimidades en los viajes.

El periodista, que llevaba años en el día a día del equipo, no entendía un cambio tan radical. El asunto se trasladó a una calle en la que la sociedad acaba de descubrir el poder de las pegatinas, que se hacían a cientos y con distintos motivos para adherir en los cristales traseros de los coches, en las paredes, en puertas viejas... Por aquel tiempo apareció una que se propagó rápido con la leyenda: «A mí Ronnie Allen me cae bien. ¿Y a usted?». Múgica, enterado, no tardó en responder con forma de *sputnik*. «A mí me cae mejor Raquel Welch. ¿Y a usted?» Dos días después de la publicación por Bilbao brotaron pegatinas con un rotundo: «A mí Múgica me cae gordo. ¿Y a usted?».

El mundo alrededor de Múgica era un mundo trepidante. Estaba en todos los sitios que cualquiera querría estar. Y tenía una excelente fama alrededor que le procuraba cariños en todos los campos que visitaba. En 1969, la misma tarde que en Sabadell Javier Clemente sufrió una grave entrada que supondría el principio del final de su carrera como futbolista, un grupo de peñistas ofreció a Múgica como regalo un décimo de Lotería de Navidad. Cuentan que Múgica lo rechazó porque no había oportunidad de que lo tuvieran también el resto de los periodistas que habían hecho el mismo viaje para cubrir la información del Athletic. El número era el 59.536... el que se llevó el primer premio en el sorteo que se celebró un mes después.

Los que coincidieron con él en las redacciones y en los campos lo admiraron y acompañaron a partes iguales. Santiago Segurola, que tuvo su primer trabajo periodístico en la *Gaceta del Norte* que contaba con Múgica como redactor jefe de Deportes, explicó en una entrevista en Marca que Múgica «era un periodista fabuloso. Sus crónicas del Athletic hicieron soñar a dos o tres generaciones de chavales en Bilbao. Además, el crítico de ópera del periódico y el creador de una célebre sección de *sputniks*, haikus o tuits de carácter irónico que alcanzaron una fama tremenda».

El ufólogo Juan José Benítez también fue uno de los periodistas que iniciaron carrera cerca de Múgica y lo tuvo siempre muy presente. Difícil olvidarse de alguien que se hacía notar siempre en sus pasos por la redacción. Habitualmente se pasaba el fin de semana fuera, entre partidos y viajes, y cuando estaba horas en el periódico su ingeniosa inquietud no le permitía estar quieto: radiaba en altavoz las noticias más interesantes de la jornada e incluso las teatralizaba, incorporando detalles a un curioso *outfit* ante la sorpresa de los compañeros de estancia. El hecho en sí provocaba veneración en los más jóvenes. El respeto que le profesaba el resto de la profesión tenía la misma altura que la consideración. Múgica no solo escribía y hablaba de fútbol. José María se manejaba con esplendor en sus críticas de ópera y toros, que eran dos de sus otras pasiones.

La altura de la persona en cuestión se resume en que el Athletic le ha ofrecido dos homenajes póstumos. El primero se dio en San Mamés, bajo la presidencia de José Julián Lertxundi, al poco tiempo de su fallecimiento, con un partido homenaje en el que participaron el Everton que entrenaba Kendall y el Athletic de Jupp Heynckes. Ganaron los británicos por 0-2. El segundo y más reciente se dio en 2019 a instancias de la Fundación Athletic, que aprovechó uno de los encuentros de Letras y Fútbol para entregar un recuerdo a su viuda y sus hijos.

Sara Estévez, 'Maratón'

«La carrera de un periodista es un maratón y me pareció el símil más acertado para tomar un pseudónimo». Así habla Sara Estévez, 'Maratón', Sarita, una periodista de raza y recordada firma del Athletic en Radio Juventud, aunque ella, durante casi dos décadas, era la redactora en la sombra, y no la que locutaba las informaciones. Ejerció de responsable sin voz de Stadium, un programa dominical que resumía la actividad del fin de semana en el fútbol regional y que se convirtió en referente porque además de contar el resultado y los destacados de los partidos de ligas de divisiones inferiores también hacía un amplio repaso por el momento competitivo del Athletic.

Al tiempo que analizaba las posibilidades del equipo se atrevía al señalar y predecir el tipo de carreras de los futbolistas que empezaban a dejarse ver con la rojiblanca. Maratón fue rápida en la detección de Iribar, al que veía como arquero para años y con vocación de crear escuela. Acertó. Sus carreras fueron igual de largas. El Ayuntamiento de Bilbao las unió todavía más en 2016 cuando nombró a José Ángel Iribar y a Sara Estévez, ilustres de la villa.

Sara Estévez Caparrós (Bilbao, 1925) pasa por ser la primera periodista deportiva en España, pese a que entre 1954 y 1973 nadie podía asociar ni su nombre ni su voz a Maratón, que era el gran cronista bilbaíno de aquellos años. Palabra de Maratón. Las casas de antes en los 60 no eran como las de ahora. En los 60 la televisión era un artículo de lujo y en muchos domicilios el entretenimiento y la información se cultivaban alrededor de un aparato de radio. En la hora del deporte, camino de la medianoche, había que sentarse frente a esa radio para escuchar a Maratón, aunque todos lo que escuchaban sabían que el locutor (Paco Blanco) no era Maratón. Atendían con devoción y no eran pocos los jóvenes —también los talluditos— que jugaban a creer saber quién era Maratón y por qué el fundamento de sus críticas. Bravuconadas de barra.

Nadie le conocía, ni siquiera los que hablaban con ella cada semana. El orgullo nunca le picó. Entendía que en la radio de entonces los roles estaban muy marcados y el redactor era el redactor y el locutor el locutor. Un jefe de redacción de los 50 se tiraría de los pelos al ver que ahora el redactor que está al pie de calle es el mismo que graba una crónica que se emite más tarde, quizá cuando ese mismo redactor esté en otro negociado informativo. Y después de tirarse de los pelos se abriría la piel al ver que su locutor estrella de los partidos dominicales tiene un programa de televisión de lunes a viernes y ya echaría sal en la herida al comprobar que con un teléfono en la mano uno es capaz de hasta conectar con la CNN… ¡Qué cosas!

Sara Estévez observa un ejemplar de la Antología Fotografica del Athletic.

Sara tenía estudios de taquigrafía, mecanografía y contabilidad y de no haber sido por la Guerra Civil su formación habría incluido la universidad. Pero no, tuvo que desempeñar pronto otras tareas, aunque nunca olvidó el gusto por cultivarse en la lectura o la música. En los comienzos de los años 50 tuvo su primer idilio con la radio. Al terminar sus quehaceres diarios visitaba Radio Juventud, donde le habían seleccionado para narrar cuentos infantiles. El tono de su voz y su cadencia atrapaban a los niños, pero gustaban también a los mayores.

En la redacción de la radio le tenían estima y en 1952 la incluyeron en un proceso de selección para ampliar horizontes. Estaban buscando periodistas deportivos, que era un trabajo farragoso y en muchos casos sus protagonistas se vestían con pseudónimos que protegiesen su identidad. Sara Estévez dio un paso adelante. Ahí empezó la leyenda de Maratón.

El nombre cogió empaque y sus comentarios, críticas y editoriales radiofónicas pasaron a ser debate de primera fila en reuniones de amigos en cualquier campo de fútbol. Sara puso voz por primera vez a Maratón en 1973, cuando Stadium era un programa deseado. Daba los resultados de fútbol de todas las categorías vascas porque Sara había tejido una red de colaboradores en los clubes, en el bar más cercano al club, en la oficina de teléfono más próxima al club. Allí llamaba cada fin de semana a la hora convenida para recibir la ficha técnica y un par de destacados. Cada uno de sus interlocutores hablaba con Sara, no con Maratón, porque para ellos Sara era una de las secretarias de Maratón. Stadium vivió su mejor momento en los 70, cuando la temática incluía más deportes que el fútbol, entre ellos *herri kirolak* que Radio Juventud permitía hacer en euskera.

El programa se canceló en 1983, con Sara todavía sin cumplir los 60. Se jubiló a los 65, pero su producción periodística nunca se ha detenido porque *El Correo* le dio una columna de opinión. El tiempo de la jubilación también trajo el reconocimiento de instituciones y compañeros: el Ayuntamiento de Bilbao le concedió en 1991 la Estatuilla de Don Diego López de Haro y en 2016 le hizo Ilustre de Bilbao; la Asociación de Periodistas

Vascos le premió en 2009; Athletic y Arenas le entregaron el León de Bronce y la Insignia de Oro del club, respectivamente; la Real Federación Española le homenajeó con una Placa de Plata y también consiguió la Medalla de Plata al Mérito Deportivo a propuesta del Consejo Superior de Deportes. En octubre de 2022 Sara donó todo su archivo personal relacionado con el Athletic al Museo del Club.

José Iragorri y sus bakalaos

La sala de prensa de San Mamés lleva su nombre. José Iragorri. Locutor de radio, periodista y alma de muchos rojiblancos desde la frecuencia de Radio Popular. Hoss, que era así como se le llamaba a nada que hubiese un poco de confianza, vivió toda su carrera profesional en el viejo San Mamés, del que se despidió en el Athletic ante la selección Bizkaia que sirvió como cierre a un recinto centenario.

Iragorri, ya enfermo, no narraba, pero siguió el partido en la cabina de Radio Popular con la camiseta de Julen Guerrero. Falleció en mayo de 2014, a los 55 años de edad, víctima de un cáncer de páncreas. Cumplió el dicho de ser 'cocinero antes que fraile' porque jugó como delantero en los juveniles del Athletic y también en el Getxo hasta que una grave lesión de vértebras le apartó de la práctica.

José Iragorri vivió la transición a la digitalización, pasó de narrar crónicas por un teléfono fijo por el que a veces había hasta que pelearse a hacerlo con un sonido casi de estudio, pero nunca cambió su forma de cantar los goles, que en Radio Popular son *bakalaos* cuando marca el Athletic. La fórmula, heredada de Fede Merino, la paseó por todos los campos de LaLiga y por cuantos escenarios tuvieron al Athletic en competición europea. El grito del *bakalao* con su potente voz hacía girarse a los aficionados que había junto a las antiguas tribunas de prensa, que nada tienen que ver con las de los campos modernos.

Gritar así los goles del Athletic en campo rival también acarreaba conflicto con los hinchas, que quemados por recibir un gol se sentían encima vilipendiados por el narrador. Iragorri lo capeaba con gracia. Y si no, solo tenía que ponerse de pie, que sus dos metros y un rostro adornado por un bigote que bien hubiese querido Errol Flynn empequeñecían cualquier intento de refriega.

«Porque no es lo mismo ver que mirar ni oír que escuchar, *Oye cómo va* en Radio Popular, el único deporte compatible con la hora de comer», formaba parte de la careta de entrada del programa que conducía de lunes a viernes en la frecuencia de la veterana emisora bilbaína. La tonada continúa años después y es marca de la casa. Por ahí entraba cada día en los domicilios a las 13.30 horas, que en los 90 era hora común para el almuerzo con la mayoría de los trabajos y colegios con horario partido. En un tiempo en el que la radio deportiva ganaba influencia —Iragorri vivió los cruces entre García y De la Morena desde la distancia de una emisora local— y luego se fueron multiplicando los programas nocturnos, Iragorri también entendió el cambio y el *Oye cómo va* incluyó una sesión de noche, en la que los protagonistas eran los aficionados, con tertulias cada día de la semana, cambiando de protagonistas, dando voz a socios y seguidores, a entrenadores del fútbol vizcaíno, a jugadores y exjugadores de equipos sin luz mediática, que se fueron

José Iragorri, Hoss, en una de las imágenes de promoción de Radio Popular en el viejo San Mamés.

convirtiendo en parte fija del programa. Aliados eternos de la comunidad Iragorri.

De Clemente a Bielsa, de Dani a Guerrero y Gurpegui, todos los entrenadores y jugadores con los que trató le advertían pronto. Iragorri no terminaba en la cabina de radio de cada partido y su labor continuaba en las ruedas de prensa del entrenador y en el paseo de futbolistas, antes más espontáneos y menos ordenados que ahora cuando había que atender a los medios al salir del vestuario. Situarte próximo a Iragorri aseguraba protagonista porque el futbolista lo enfocaba a distancia: la altura, el bigote, los cascos de audio y las herramientas necesarias para el directo ejercían magnetismo. En ese intercambio el futbolista atendía al mismo periodista que durante todo el partido le adornaba el nombre con un mote, que también se convirtió en seña de identidad de sus narraciones. No había jugador sin apodo. Josu 'Panaderito de Lekeitio' Urrutia, 'El Zorro' Aduriz, Andoni 'Estatus' Iraola, Carlos 'Justicia' Gurpegui, Fran 'Seda' Yeste…

Hoss disfrutaba con lo que hacía. Y se ganó un ejército de seguidores. Tenía los fieles de siempre y los de radio selectiva, los que eligen qué escuchar y con quién en cada momento. En los años en los que el fútbol a la carta por televisión era todavía complicado, la narración de Iragorri y sus *bakalaos* eran casi una cuestión de culto. Saltó de campo en campo extendiendo *bakalaos* y tejiendo una amplia red de colaboradores y amigos por los estadios que pisaba. Empezó en un periodismo sin móvil ni redes sociales en el que mandaba el trato y la relación con compañeros de otros medios en otras ciudades, a los que bien cuidaba. Tuvo su etapa en una televisión local, sin dejar nunca la radio y trasladando a imagen buena parte del sentido del *Oye cómo va*, pero su casa y su refugio siempre estuvo al otro lado del transistor.

Dejamos Bertendona

No hay campaña electoral en el Athletic que no recuerde la sede del club en Bertendona. Es uno de los emblemas del club por todo lo que supuso en el carácter social de la entidad. Bertendona fue la casa del Athletic entre 1950 y 1977, hasta entonces récord absoluto en la historia del club. Desde su fundación las oficinas del club y lugar de reunión de directivos habían tenido un carácter nómada. Una mudanza, eso sí, muy controlada y nada expansiva porque se llevó a cabo en un corto espacio. Es más, a veces hasta compartiendo edificio. Antes que Bertendona, las oficinas del club que más tiempo aguantaron en un mismo edificio estuvieron en la Casa de la Petaca, Hurtado de Amezaga, justo sobre el restaurante Alcazaba, lugar de viejo culto en la villa y con mesas señaladas para charlas de todo tipo y condición. Y muchas de ellas, con un acentuado corte político. El Athletic estableció allí su oficina institucional durante 25 años desde 1914. Claro está, sin el calor social de Bertendona.

Los dos pisos que el Athletic alquiló en la calle Bertendona dieron raigambre a una calle en la que el club tenía de vecino al histórico teatro Campos Elíseos. Es más, el espacio que hizo repoblar el sentimiento de club estaba anclado a la vida del teatro puesto que se concibieron a partir del extenso vestíbulo primigenio del establecimiento. El Campos necesitaba una inyección económica y decidió derribar la espectacular entrada que lucía majestuosa con su juego de espejos para levantar un edificio anexo, que gracias al alquiler de sus distintos departamentos ofrecería una sustanciosa renta.

En 1948 el Athletic, que presidía José María Larrea, abrió negociaciones con el teatro para disponer de «los dos pisos habilitados como oficinas o club social en el antiguo vestíbulo del teatro». Se negoció un alquiler por carácter indefinido a cambio de 72.000 pesetas anuales, que se pagarían en meses anticipados y no a mes vencido. El contrato añadía que el Athletic podía explotar un bar exclusivo para sus socios y descartaba, en cualquier caso, que los dos inmuebles se utilizasen como residencia ni vivienda. Nada decía de echar allí una cabezada en alguno de los confortables sofás o despachos que lo salpicaban. Más de una vez, hubo quién pasó ayer la noche después de reuniones, lo mismo formativas que festivas.

Larrea, abogado de profesión, fue el presidente del cambio. Estuvo en el cargo entre 1946 y 1950 y entendió rápido la necesidad que tenía el Athletic de ensalzar la pertenencia de club y ofrecer la relación añadida que tuvieron las sociedades gimnásticas de principios de siglo. Eso sí, multiplicando su número de socios y estableciendo otro tipo de atención. Larrea se despidió del cargo con la inauguración de la sede de Bertendona y celebrando el título de Copa de 1950. La relación con el fútbol no terminó al salir del Athletic porque después fue directivo de la RFEF.

El Athletic ocupó en Bertendona un edificio de nueva planta construido en el solar que dejó libre el foyer del Teatro Campos Elíseos.

El tiempo de obra lo vivió pendiente de lo que allí se hacía, tratando más con el arquitecto que con los arrendadores del Campos. Pero las conversaciones con el arquitecto no eran tan técnicas como pudiera creerse. El arquitecto que lideró el proyecto fue Javier Barroso, que entre 1941 y 1946 fue presidente de la RFEF. Barroso, que conocía el fútbol también desde el césped, le cogió gusto a lo que veía porque a finales de los años 50 fue presidente del Atlético de Madrid, club con el que años más tarde tuvo una relación definitiva al encargarse del diseño y realización del estadio Manzanares.

La sede de Bertendona acogió las firmas de contrato de futbolistas como Zarra o Iribar. Allí fue también donde se cerraron las condiciones de contratación de José Luis Arteche, genial dentro y fuera del campo. El getxotarra se estrenó en el Athletic en la campaña 1950-51 y permaneció en el club durante 15 temporadas, todas ellas con Bertendona como sede social y espacio de reunión con presidente y directivos. Arteche, que fue internacional y tuvo ofertas para haber dejado el Athletic, estuvo en la vanguardia en la lucha de los derechos de los futbolistas, por entonces sujetos a sus clubes de procedencia por un derecho de retención que ejercía como calculado freno de subida salarial. Enrique Guzmán y Javier Prado, presidentes entre 1950 y 1965, tuvieron encuentros de calado con Arteche y otros futbolistas a causa de las condiciones establecidas para una continuidad y renovación viciadas por el ya derogado derecho de retención. ¡Si las paredes de Bertendona hablasen!

El espíritu de Bertendona, donde jóvenes aficionados despedían al autocar del equipo en sus viajes para jugar como visitante en Liga, hace eco cada vez que alguien habla de un club social para un Athletic que en su historia ha sabido muy bien qué era eso. Después de aquello, se perdió, y no hay junta directiva que no haga amago de recuperarlo… aunque ahora haya más de 40.000 socios. El entramado administrativo y social del Athletic salió de Bertendona en mayo de 1977 camino del viejo San Mamés, mucho más hermético, donde permaneció hasta el comienzo de 1981, cuando debido a las obras de remodelación por el Mundial 82 el club estableció su sede de manera temporal en Alameda Recalde, en el segundo piso de la llamada Casa

Montero, uno de los edificios más singulares de la ciudad por ser un referente del modernismo. Suena a trabajo de Gaudí, pero lo proyectó Luis Aladrén, arquitecto aragonés que falleció el mismo año que el edificio vio la luz en coproducción con el francés Jean Baptiste Darroquy, ligado a la vieja sede de Bertendona por ser el arquitecto que levantó el teatro Campos y su imponente *foyer* de espejos…, sí, el que fue derribado para construir el edificio de la añorada sede social del Athletic.

La sede del Gobierno Militar

El palacete rojiblanco, cuyo parque interior ha sido zona de paso y asueto de viandantes bilbaínos durante largos años, tuvo una época cerrada y asustadiza. En tiempos de Franco fue utilizado como residencia del Gobierno Militar de Vizcaya. En concreto, el edificio fue requisado en 1937 a la familia De la Sota y no se procedió a su devolución, que no reparación, hasta 1976. Lo recibieron esplendoroso y brillante y lo devolvieron casi para el desahucio, con necesidad de acometer obras en todos los rincones por el deterioro de vigas, tejados y otros detalles arquitectónicos y, sobre todo, por la dejadez, desaire y rapiña que había existido con estructuras y adornos del interior.

El Gobierno franquista se lo quedó pronto. La familia De la Sota lo perdió por decisión del Tribunal de Responsabilidades Políticas, que condenó a Ramón de la Sota al pago de una multa de 100 millones de pesetas, que fue la llave para la incautación de sus bienes. El tribunal no tardó demasiado en pronunciarse y falló a tal efecto acusando al dueño del palacete de «conspiración para rebelión militar». Ramón de la Sota había estado siempre próximo al nacionalismo y sus ideas eran contrarias a las del régimen que acababa de instaurarse. Se lo cobraron con creces.

Así, una de las casas más espectaculares de Alameda de Mazarredo pasó a manos del Ministerio de Defensa, que fue su titular hasta que, en 1978, coincidiendo con la transición, Defensa lo traspasó a Hacienda y estos tardaron poco más de un año en entregárselo a los herederos de sus primeros dueños.

Purgaron la caída de un Bilbao combativo. «Durante los meses siguientes a la conquista de Bilbao los homenajes de los vencedores inundaron la vida pública en Bizkaia y en Bilbao. Estos homenajes fueron dirigidos al Ejército, a la memoria de las víctimas franquistas, tanto a los asesinados en los barcos prisión Cabo Quilates y Altuna Mendi como a los asesinados en las cárceles de la villa el 4 de enero de 1937, al general Emilio Mola, a José Calvo Sotelo... El 8 de julio de 1937 en el Coliseo Albia José María de Areilza ofreció el discurso más repetido de la historia de Bilbao. Con un tono virulento, y tal y como manifiesta Salazar Arechalde, nueve veces fue citada la villa conquistada, once la España vencedora y liberadora y dos la Euzkadi siniestra y derrotada», relataba el doctor Aritz Ipiña en *Bilbao ya es España. El modelo festivo franquista en Bilbao entre 1938 y 1940*.

El ordenamiento militar en Bilbao estuvo al cabo de la calle entre 1937 y 1945. Se trataron cerca de 25.000 expedientes políticos y después de las batallas de Bilbao y Barakaldo hubo alrededor de 7000 combatientes entregados a la jurisdicción del gobierno militar. El trasiego en Ibaigane era diario, aunque con una actividad mucho menor que en otros lugares insignes

El Palacio de Ibaigane, sede social del Athletic.

de la ciudad como la Universidad de Deusto, que se reconvirtió en centro de retención, o el chalé de los Escauriaza, circunstancial sala de juicios.

Ibaigane se transformó entonces en una estancia más del gobierno militar, pero no por su espectacularidad tuvo siempre un uso comedido. Se inició como residencia de alta graduación y oficinas, aunque con el paso de los años fue disminuyendo el perfil de uso hasta quedar casi como un despojo. En los primeros años la zona de aparcamiento reunía a una buena colección de vehículos y también hubo espacio para imponentes caballos, monturas de los militares de graduación que allí residían. Soldados de reemplazo y enchufados en el servicio militar combinaron en la tropa de servicio mientras el palacete tenía una función en el entramado del gobierno militar, pero los últimos años de vida militar Ibaigane quedó como un solar en el que no era difícil colarse y llevarse algo de recuerdo porque había perdido hasta la vigilancia de sus dueños.

Sin motivo para sacarle partido en unas décadas en las que las fortificaciones militares salían de las ciudades para instalarse en otros municipios y las que se mantenían en el universo urbano lo hacían tras empalizadas y vallas, Ibaigane perdía cualquier funcionalidad. Más todavía cuando el mal uso y la falta de cuidados habían dañado el palacete por dentro y por fuera. Tenerlo, sin saber bien para qué, exigía un tremendo gasto. Así que en Defensa se lo trasladaron a Hacienda, que tardó bien poco en quitárselo de encima en forma de reparación moral por eso de devolvérselo a sus legítimos dueños.

La curiosidad quiso que el señalado edificio para la vida militar se levantase en una calle (Alameda de Mazarredo) nombrada con el mismo apellido que José de Mazarredo Salazar, un bilbaíno nacido en 1745 que hizo carrera militar en la Armada y después de participar en misiones en Filipinas, Cartagena, Canal de la Mancha y Gibraltar tuvo una destacada actuación en las negociaciones de paz con Argel. Mazarredo Salazar, que ocupó cargos relevantes en el escalafón de la Armada, fue contrario a los planes marítimos de Napoleón y se mostró como una voz de alerta ante la dilapidación del potencial marino del ejército porque «se armaron más navíos de los que se podían dotar y pagar, no correspondiendo el efectivo de gente de mar a las listas de matrículas, completándose estas con vagos y otros aplicados, no hombres de mar». La ácida pero argumentada reflexión le supuso el confinamiento, primero en Bilbao y luego en Santoña y Pamplona, que fue desde donde no tuvo reparos en advertir del desastre de Trafalgar.

La compra de la casa de los Sota

Bilbao se asoma a la ría desde varios balcones urbanos. Uno de ellos está en Alameda Mazarredo, que al ser una calle alta deja por debajo el cauce y enfrente el Campo Volantín. A medio camino entre Jardines de Albia y el Museo Guggenheim el Athletic tiene su palacio. Quizá sea la más impactante sede social de un club de LaLiga. Ni que decir tiene que ese adjetivo se extiende a los principales clubes europeos, que están habituados a vivir alrededor de sus estadios ¿Quién tiene como sede social un palacete barroco, de estilo neovasco, levantado en 1900 por el arquitecto Gregorio Ibarreche? El que luego fuera teniente de alcalde de Bilbao y alcalde circunstancial, además de reconocido activista político del Partido Nacionalista Vasco, llevó a cabo la idea por mandato de Ramón de la Sota, poderoso industrial del momento, que dedicó el edificio a su residencia familiar.

Construido en 1900 siguiendo el esquema de grandes propiedades en lugares emblemáticos por las que optaban los más acaudalados de la época, la primera renovación de Ibaigane llegó al poco de su construcción. Fue en 1918 y la obra la dirigió Ricardo Bastida, reconocido ya por haber llevado a término la Alhondiga, el Parque Casilda de Iturrizar y que casi a la vez de la reforma de Ibaigane proyectó el edificio del Banco de Bilbao en la madrileña calle de Alcalá. Bastida tuvo gran influencia en el futuro metropolitano de Bilbao, pues en 1923 hizo un plan primigenio de lo que sería la extensión de influencia de la ciudad hasta la desembocadura del Abra.

Ese compendio de historia arquitectónica y resumen de costumbres y hechos de inicios de siglo es del Athletic desde que en 1986 el club se lo compró a los herederos de Ramón de la

Sota, que a su vez lo habían recuperado la década anterior tras una expropiación gubernamental sin fundamento durante la dictadura de Franco.

Javier de Aristegui fue el arquitecto al que el club encomendó el acondicionamiento de un palacete en el que algunas de sus estancias habían sido utilizadas como caballerizas durante los tiempos en que perteneció al gobierno franquista y que después, en el periodo en el que quedó vacío, sufrió algún acto de vandalismo y pillaje, pues así desaparecieron pomos, vidrieras, bisagras… y hasta un par de buenas chimeneas. Ibaigane será por tiempo la sede social del Athletic y así aparece en las guías de visita de la ciudad y en las jornadas de puertas abiertas de edificios emblemáticos de la villa. Dejó atrás el alquiler durante ocho años de la segunda planta de la Casa Montero, de otro estilo y otra repercusión, pero edificio igual de llamativo cercano a la plaza de Moyua.

El palacete de Ibaigane, con porche y jardín de paso alrededor del edificio, cuenta con dos plantas de piedra y una tercera de ladrillo visto. El interior, con abundante madera noble, se distribuye alrededor de un patio interior rematado en un lucernario. La esplendorosa escalera de acceso a los pisos superiores o la balaustrada que adorna el pasillo de cada planta, que ahora es vía directa hacia los despachos que lo pueblan, detiene la vista al visitante. Igual que el salón de la planta principal, que es lugar de referencia de juntas directivas.

En una época más moderna, las cocinas y habitaciones de servicio ideadas por Ibarreche en el semisótano son ahora una estancia de lugar social en el que se desarrollan distintos actos de la fundación y también espacio para recepciones oficiales por parte del club. Pasó de fortaleza inexpugnable a un lugar al que se acudía con cierta frecuencia, no en vano allí abajo, tras una puerta lateral que da a la escalera de servicio, estaba la sala de prensa junto a un par de salones de marcado estilo inglés. Ha sido escenario de algún evento festivo de difícil acreditación y de otros jolgorios con los que había que tener mano abierta porque era parte de los acuerdos de colaboración con la Fundación Athletic. Esos eventos de promoción y marca se hacen ahora en el área vip de San Mamés, devolviendo la intriga de lo desconocido a Ibaigane.

El Athletic compró Ibaigane a los Sota durante el mandato presidencial de Pedro Aurtenetxe, que en 1986 recibió una notable inyección económica por el traspaso al Barcelona de Andoni Zubizarreta, que se cifró en alrededor de 140 millones de las antiguas pesetas por deseo del futbolista, que bien podía haberse ido gratis al club azulgrana. Pedro Aurtenetxe fue el primer presidente que ocupó despacho en la casa y José Julián Lertxundi el primero en hacerlo la totalidad de un mandato.

¿Qué diría Ramón de la Sota del uso de su palacete familiar? El parecer del empresario quedará en el limbo, aunque seguro que lo preferiría cien veces al destino que tuvo antes de convertirse en posesión rojiblanca y mucho más al conflicto familiar que se produjo pocos años después de su muerte, ya con la Guerra Civil finalizada. Ramón de la Sota creó su imperio profesional junto a su primo Eduardo Aznar, con el que además de Astilleros de Euskalduna fundó la compañía de Seguros La Polar, que pronto tuvo ramificaciones en el puerto de Rotterdam y en ciudades de prestigio internacional como Nueva York, Londres y París. De la Sota era un considerado nacionalista y ese fundamento germinó en sus familiares directos. Nunca tuvo una disputa pública con su primo Eduardo, pero el distanciamiento familiar, tanto empresarial como ideológico, fue aumentando y creyó tocar techo con la Gran Depresión de 1930. El deterioro familiar fue a más cuando a la conclusión de la Guerra Civil los de la Sota fueron embargados en pago por «conspiración para rebelión militar» —varios de sus barcos fueron utilizados para evacuar Bilbao ante el acecho de las tropas franquistas— y una parte muy importante de esas posesiones recayeron en los herederos de Eduardo Aznar.

Guridi y el órgano

¿Y ese órgano? La pregunta es habitual en las visitas de *openhouse* en las que Ibaigane es uno de los edificios que abren sus puertas, pero también se ha hecho igual de insistente en cuestiones más privadas. Sí, Ibaigane tiene un órgano. En sus tiempos lo tocó Jesús Guridi y coincidiendo con el aniversario del primer centenario del club fue Ainhoa Arteta la que cantó acompañada de sus notas obras de Scarlati, Mozart, Bizet, Faure y cinco composiciones tradicionales de Guridi, que para algo fue de los primeros habituales en ponerse frente al teclado. Por allí también pasó con relativa asiduidad Resurrección María de Azkue, un hombre del renacimiento en el inicio de siglo: sacerdote, escritor, músico y figura clave en la recuperación del euskera.

El órgano fue una de las peticiones de Ramón de la Sota para dar lustre a la mansión que había ordenado construir para su familia. Lo fijó en la segunda planta, al lado del espacio que había reservado para la capilla. En una casa de imponentes salones, balaustradas majestuosas, lámparas colgantes y chimeneas que para sí las quisieran los palacios de la época, por qué no iba a levantarse una capilla. De la Sota era fervoroso y de misa diaria. Con un palacete como casa y rodeado de jardines, no había motivo para salir de allí para cumplir con su devoción. Así que instaló el órgano para acompañar las misas diarias de Ibaigane, siempre de carácter familiar, y en las tardes de visita y refrigerio, la caja de música estaba dispuesta para los mejores dedos de los invitados.

Por ahí entraron Guridi y Azkue, que formaban parte de la corte social de los de De la Sota. Guridi, vitoriano, fue el menor de seis hermanos con padres de marcada tradición musical.

Pero solo a él le dio por el arte. Vivió en Vitoria, pronto se trasladó a Zaragoza porque la familia quería estar unida en los estudios de los mayores, pero no pudieron con las circunstancias: murieron dos de sus hermanos; los padres, sumidos en una profunda tristeza de la que tardaron en levantar, hicieron de nuevo una mudanza, esta vez a Madrid, y allí fue donde Jesús dio continuidad a su gesta musical. Pisó Bilbao por vez primera a inicios de siglo y fue en la ciudad donde, tras darse a conocer con interpretaciones propias al piano, tomó el favor del conde de Zubiria, que lo apadrinó en sus estudios. Regresó a la villa en 1908, con 21 años cumplidos y en categoría de compositor, director y organista. La Sociedad Filarmónica le hizo visible a la alta sociedad y su actividad no tuvo freno, destacando en el mundo escénico y coral… Y tocando también en Ibaigane.

El órgano suena, aunque no es el original. El actual se restauró con motivo del centenario del club porque se consideraba que había que utilizarlo. La idea de acondicionarlo también se valoró con la compra del palacete, aunque se descartó pronto. La obra exigía un trabajo minucioso y el precio iba en consonancia. Era demasiado para un palacete que ya demandaba una profunda y costosa reforma. La abordó la junta directiva de José María Arrate en 1998 y se la encargó a los guipuzcoanos Bernal y Korta, que continuaban con el buen hacer organero de los azpeitiarras que ya se ocupaban del arte en el siglo XVII.

Jesús Guridi, genial compositor y organista.

Las obras de acondicionamiento contaron con el patrocinio de la ONCE, tal y como recuerda una placa realizada y grabada a tal efecto en uno de los laterales de la consola.

Atrás quedó la sorpresa de los que vieron por primera vez el órgano cuando volvió a manos de la familia De la Sota. ¿Dónde estaban la gran mayoría de los tubos que convertirían la presión sobre teclas y pedales en música? No estaban, sencillamente se habían vendido por algún avispado militar al primer chamarilero que se acercará y seguramente nunca supo lo que aquellos tubos de latón significaban.

Agustín Bernal y Benito Korta son las manos que han hecho posible que el órgano tañera de nuevo. Lo hicieron a partir de la intuición y echando mano de su buen hacer y experiencia porque la restauración careció de planos y de muchas piezas, que o bien estaban deterioradas o, como en su día ocurrió con las jambas de las puertas, los pomos o las chimeneas habían desaparecido. Bernal se ocupó, como siempre ha hecho, de la armonización, y Korta a la tubería y el montaje. Tuvieron que poner mucho de su parte porque de la pieza original tan solo aguantaba en un estado recuperable el pedalero, parte de la consola y algún que otro tubo de resonancia. En el aporte de nuevos materiales recurrieron a los alemanes de Laukhuff, empresa del sureste de Alemania que inició la construcción de órganos en 1823 y que tuvo que disolverse como tal en 2021.

El patronaje alemán venía de serie en el órgano, del que los estudios concluyen que, originariamente, fue realizado en talleres germanos. Esteban Elizondo, autor de *La Organería Romántica en el País Vasco y Navarra* sostiene que el órgano de Ibaigane fue construido por Juan Melcher, artesano alemán que emigró al País Vasco tras el final de la Primera Guerra Mundial. El detalle del órgano de Ibaigane lo relaciona también con E. F. Walcker&Cie, que fue relevante en el sector desde el estado de Baden-Wurtemberg. Y el lazo es más que compatible puesto que Melcher fue uno de los constructores autorizados de Walcker.

Más adelante, el organero participó en dos empresas de Azpeitia y una tercera en Vitoria hasta que fundó en Bilbao su propia empresa asociado con Ramón Mar. Además del órgano de Ibaigane, Melcher es autor del instrumento principal de la Catedral de Ávila, asentado en una caja barroca, el del Palacio de Oriol o la readaptación neumática del viejo órgano en la bilbaína Catedral de Santiago. El nuevo, construido en la localidad francesa de Poyartin en 2002 y reformado en 2018, lleva el nombre de Jesús Guridi.

Fernando Ochoa

Figura clave en Ibaigane era Fernando Ochoa, quien aparcaba su coche junto a la puerta de servicio por la que en algunas ocasiones entraba, de forma que no fuera molestado o nadie supiera si estaba o no en 'la casa' ya que su coche quedaba bastante a cubierto de miradas fisgonas.

Ochoa, no solo era el 'hacedor' de muchas de las buenas cosas que sucedieron al Athletic de los años 80, sino también era un hombre muy particular. Amigo de sus amigos y sobre todo inteligente, con una visión del futbol muy adelantada a la de la época que le tocó vivir.

«¿Eso? Mejor habla con Ochoa». Una respuesta tan sencilla y con tanto detrás se pudo escuchar durante 21 años en cualquier cuestión de enjundia alrededor de la actualidad. Fernando Ochoa es el ejecutivo de mayor importancia que ha tenido el club en su vida.

Entró en la institución en 1982 con la presidencia de Pedro Aurtenetxe y lo abandonó, de manera precipitada, en 2003 después de que Javier Uría rescindiera un contrato que dio mucho que hablar porque fue blindado en la etapa presidencial de José María Arrate, con una alta indemnización y una compensación anual para completar la jubilación.

¿Por qué tanto alrededor de un empleado? Porque Ochoa era más que un empleado al uso. Algunos le llamaban Richelieu, que era una curiosa manera de decir que mandaba más que los que tenían que mandar, Ochoa fue el primer gran ejecutivo del fútbol español. Hubo algún club de los grandes que le tiró las redes, también lo quisieron en estamentos oficiales e incluso sonó para el extranjero. Fernando Ochoa creó escuela en la dirección de los clubes. Un mánager deportivo en su máxima expresión. Negoció fichajes, renovaciones, se ocupó de pretemporadas, atendía los viajes… Su importancia en la entidad fue absoluta y fue más allá en la gestión de un Athletic dando pasos de gigante hacia una modernidad en la dirección que necesitaba el club.

Ingeniero Industrial con un excelente dominio del inglés y respetado porte, Ochoa sabía todo lo que había alrededor del Athletic. Y no había nada que se le escapase. Su tarea no quedó en Ibaigane y San Mamés, que fueron sus principales centros de trabajo en la institución, Ochoa era habitual en Lezama y hay fotografías de los 90 en las que aparece con chándal, entre Kendall y Rojo, que era ayudante del técnico británico, quizá organizando un viaje o tal vez ofreciendo alternativas para una pretemporada.

Trabajó para cuatro presidentes —Aurtenetxe, Lertxundi, Arrate y Uría— y más de uno, en esas primeras conversaciones que siempre aparecen en el tiempo de campaña, anunciaba que con él no duraría mucho en el cargo. Intenciones con forma de nube porque en cuanto entraba al club y sentía qué era aquello y cómo se guiaba, lo de prescindir de Ochoa era un imposible. Es más, cuando Uría decidió prescindir de sus servicios lo hizo con una cláusula por la que el gerente continuaba en el plan de trabajo del club. «Fernando Ochoa se pone a disposición de la entidad, como colaborador externo en la definición y seguimiento del proyecto del nuevo campo».

El gerente se hizo imprescindible para el Athletic en las reuniones de la Real Federación Española de Fútbol y de la Liga porque era un hombre con influencia. Los representantes de otros clubes le consideraban como uno de los importantes por cómo trabajaba en los dos estamentos futbolísticos españoles. Y reforzaban esa posición cuando Ochoa acudía a UEFA o FIFA. El Athletic, un club sin títulos europeos y sin participación anual en los mismos, era ponderado por los rectores del fútbol europeo y mundial. Tejió una red de contactos que realzaron la presencia del club en las cocinas del fútbol y que ofrecían seguridad al Athletic en previsión de conflictos. Por ejemplo, cuando el Athletic litigó con el Bayern después de que los

alemanes se llevasen de Bilbao al internacional vascofrancés
Bixente Lizarazu fue Ochoa el que llevó la representación de la
institución rojiblanca en Zúrich.

Ochoa concentraba poder a su alrededor. Le hubiera gustado tenerlo en el césped, porque su aspiración de juventud
era hacerse futbolista profesional. El Fernando futbolista formó parte del primer equipo juvenil del Athletic y luego pasó
al Bilbao Athletic antes de finalizar carrera en Barakaldo y
Logroñés. El recuerdo de su etapa de futbolista le quedó siempre en forma de una ligera cojera porque fue víctima de una
fea lesión, de esas que en aquellos años te retiraban y te pasaban factura para el resto de la vida. La renquera que le impo-
sibilitaba para el deporte le confería distinción en la actividad
diaria alrededor de los despachos.

La agenda de teléfonos y direcciones que manejaba Ochoa
daría para un serial de Netflix por todo lo que allí había. Ese
profundo conocimiento del fútbol europeo le permitió traer a

El gerente Fernando Ochoa, en el centro, atiende a las explicaciones
de Kendall mientras Iribar, Rojo y Sáez toman notas.

Bilbao como entrenador a Howard Kendall y años más tarde repetir contrataciones igual de importantes con Jupp Heynckes y Luis Fernández.

Convencía con autoridad. Estaba siempre en su sitio y no dejaba que aflorase hacia fuera lo que pensaba del otro si eso hacía daño al club. Fernando Ochoa falleció en agosto de 2019, a los 75 años de edad y tras una larga enfermedad. El funeral del todopoderoso mánager rojiblanco congregó a históricos de la entidad y trajo desde Alemania a Jupp Heynckes, con el que siempre mantuvo una muy buena amistad y al que visitó con los grandes éxitos europeos del que fuera técnico del Athletic. Entre los asistentes, Iñaki Otegi, que fue su homónimo en la gerencia de la Real Sociedad entre 1980 y 2017. Una conversación entre los dos no tendría precio.

Como tampoco tenían precio los viajes de Ochoa, algo que sabía bien su secretaría Inés Loidi. Pudo ser cuando voló a Londres para firmar a Kendall o en cualquier otro momento. Ir a Londres desde al pequeño aeropuerto de Sondika dejaba demasiadas pistas, por los que era aconsejable volar a Roma y de allí a la capital inglesa. Muy de Fernando Ochoa eso de no dar pistas de lo que iba a hacer, pero hacerlo siempre bien, como demostró tantas veces en la contratación de entrenadores y jugadores.

Solo había una cosa en la que Fernando no negociaba y era su asiento en el palco de San Mamés, siempre en la segunda fila, en el primer asiento del lado de la tribuna de Misericordia en el bloque central de butacas de cuero rojo. En todo lo demás fue un gran negociador.

Las elecciones

El Athletic es de sus socios, pero no todos sus socios han elegido siempre presidente y directivos. El club abraza el sufragio universal desde 1977, cuando Jesús María 'Beti' Duñabeitia ganó las últimas elecciones en las que solo participaban socios compromisarios con la promesa de «Un socio, un voto». Beti Duñabeitia fue artífice de la transición. Ganó su duelo con Ignacio de la Sota por una exigua diferencia de 13 votos entre 632 compromisarios y tras acceder a la presidencia cumplió lo prometido y convocó unas elecciones en las que podían participar todos los socios mayores de 21 años.

El campo de votantes aumentaba a lo grande y entonces pasó de los 632 compromisarios que representaban a los socios a un total de 17.540 participantes. No hubo necesidad siquiera de pasar por las urnas porque Duñabetia, que había convencido con su promesa de abrir el club, fue el único que se presentó a las elecciones y el 5 de noviembre de 1977 fue ratificado en el cargo al que había accedido en las anteriores elecciones de compromisarios en mayo de ese mismo año.

Duñabeitia marcó un camino que desde entonces ha conocido 9 elecciones distintas, las últimas en junio de 2022. El club, hasta la llegada de Beti Duñabetia, decidía sus presidentes en *petit comité*, aunque el *modus operandi* era mucho más amplio que en los inicios. Contado está, que en los años mozos de la entidad la dirección del club era casi cuestión de tradición y herencia. Por allí pasaban los que los anteriores dirigentes querían.

La incorporación de socios compromisarios equilibró algo más el asunto, si bien los apellidos y las relaciones troncales pervivían, y con el sufragio universal la posibilidad de diversidad fue auténtica. No obstante, la obligatoriedad de avalar un porcentaje del presupuesto para ocupar la presidencia hace que cualquier socio no pueda presentarse.

Duñabeitia ganó unas elecciones sin votos porque nadie osó presentarse ante el candidato que había hecho partícipes a todos los socios de tomar decisiones alrededor de la dirección del club, así que el primer presidente puro del sufragio universal fue el siguiente. Pedro Aurtenetxe.

Las primeras, fueron unas elecciones a dos en las que rivalizó con Iñaki Olascoaga, al que superó por un alto porcentaje de votos. Olascoaga se presentaba como alternativa a una dirección del club de la que también había tomado parte Aurtenetxe, como directivo, pero que el socio no consideró. Votaron pocos de los convocados, apenas el 31%. Poco después el Athletic se hizo campeón de Liga (2) y Copa (1) y Aurtenetxe fue único candidato en las siguientes.

Resultados de las elecciones de 1982
Pedro Aurtenetxe: 4321 votos (59,1%)
Iñaki Olascoaga: 3000 votos (40,8%)

Llegados a 1990, Pedro Aurtenetxe no seguiría, del éxito deportivo se pasó a un periodo de enorme crispación. Cómo olvidar la disputa entre Javi Clemente y Manolo Sarabia, con la prensa y los aficionados posicionados al igual que algunos jugadores. Por lo que las elecciones de 1990 que deberían de haber sido las del comienzo de una época de tranquilidad fueron todo lo contrario.

Resultados de las elecciones de 1990
José Julián Lertxundi: 8516 votos (59,2%)
José María Arrate: 5109 votos (35,5%)
Santi Francés: 705 votos (4,9%)

Resultados de las elecciones de 1994
José María Arrate: 8089 votos (46,6%)
José Julián Lertxundi: 6761 votos (38,9%)
José María Gorordo: 2468 votos (14,2%)

Los duelos entre Lertxundi y Arrate dieron alas a los comicios de 1990 y 1994. Los primeros fueron para Lertxundi y los segundos para Arrate, que igual que años antes Aurtenetxe también repitió mandato y siguió en el club sin necesidad de urnas. Arrate fue el presidente del Centenario. Las dos campañas electorales de 1990 y 1994 fueron especialmente duras, marcando tendencias para lo que vendría después porque se ligaban las candidaturas a determinadas tendencias políticas y también cobraba importancia el manejo de la publicidad y las influencias mediáticas.

En 1990 Lertxundi recibió el apoyo del 59,1% de los socios, que todavía hoy le confirman como uno de los aspirantes más apoyados, aunque por cambios en el número del censo no sea el más votado. En 1994 Arrate consiguió 3000 votos más que en su primera intentona y Lertxundi pagó el desgaste de haber estado al frente del club con cerca de 2000 apoyos. En ambas ocasiones hubo un tercer candidato que llegó hasta la última jornada, pero su aportación en votos fue testimonial.

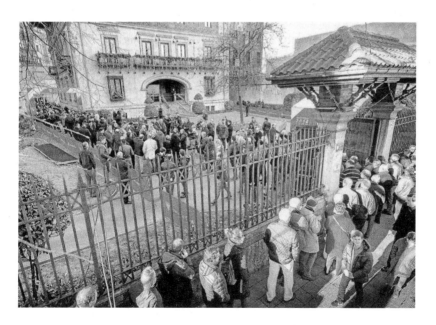

El ambiente en una jornada electoral.

Resultados de las elecciones de 2001
Javier Uría: 10.402 votos (59,1%)
Fernando Lamikiz: 7458 (41,2)

Resultados de las elecciones de 2004
Fernando Lamikiz: 8234 votos (55,50%)
Juan Pedro Guzmán: 3852 votos (25,90%)
José Alberto Pradera: 1817 votos (12,40%)

Los comicios de 2001 y 2007 dieron como ganadores a Javier Uría (2001) y Fernando Lamikiz, que participó en ambos. Las elecciones de 2001 tuvieron a Uría como claro ganador. Venía de haber sido portavoz en la junta directiva de Arrate y fue el primer presidente del Athletic que alcanzó los 10.000 votos. Hubo gran participación porque los datos del perdedor no fueron desdeñables. En las elecciones de 1982 le habrían dado por ganador.

Javier Uría tuvo una corta estancia en el club al fallecer víctima de una rápida enfermedad y tras una presidencia interina en las siguientes elecciones Lamikiz hizo valer su condición de favorito, mejorando sus registros de 2001 y dejando muy atrás a los otros dos comparecientes en las segundas votaciones con menor participación de la historia.

Resultados de las elecciones de 2007
Fernando García Macua: 6888 votos (39,90%)
Juan Carlos Ercoreca: 6138 votos (35,40%)
Javier González: 2034 votos (11,80%)

Resultados de las elecciones de 2011
Josu Urrutia: 12.057 votos (54,36%)
Fernando García Macua: 9796 votos (44,17%)

En 2007 los socios optaron por Fernando García Macua, que era un candidato que nada tenía que ver con la anterior etapa del club, en la que sí había participado Ercoreca, que fue el segundo en las anteúltimas elecciones a tres bandas de la historia. La batalla entre García Macua y Ercoreca se dirimió hasta las últimas horas de la votación. Los programas electorales de ambos coincidían en el entrenador ya que los dos contaba con Joaquín Caparrós.

Cuatro años más tarde García Macua ocupó el puesto de Ercoreca y quedó segundo en un masivo paso por las urnas porque votaron el 62,5% de los censados. El triunfo fue rotundo para Josu Urrutia, que años más tarde se mantiene como el presidente más votado de la historia. García Macua obtuvo un registro también poderoso porque nunca un derrotado había alcanzado los 9000 votos.

Resultados de las elecciones de 2018
Aitor Elizegi: 9264 (47,9)
Alberto Uribe-Echevarría: 9179 (47,4)

Resultados de las elecciones de 2022
Jon Uriarte: 10.979 (46,78%)
Iñaki Arechabaleta: 7900 (33,91%)
Ricardo Barkala: 4262 (18,11%)

Las presidencias en 2018 y 2022 fueron para Aitor Elizegi y Jon Uriarte, que ganaron a las candidaturas que tenían acreditada relación con cargo en las juntas de Urrutia, que barrió en su primera legislatura y no necesitó de urnas en la siguiente al ser único candidato. Elizegi y Uriarte rompieron el molde porque en la gestación electoral ninguno de ellos era favorito. Es más, parecía que estaban al otro lado del *establishment*. Elizegi se vistió el traje de presidente con una diferencia de votos tan corta que no se daba nada parecido desde los tiempos en los que votaban solo los compromisarios.

El triunfo de Uriarte fue igual de consistente en diferencia de votos que el que tuvo Urrutia. Las elecciones de 2022, además de ser las primeras con la influencia de las redes sociales y otras formas de llegar a los socios, presentaron un nuevo récord de participación: 22.689 socios ejercieron su derecho a voto.

Pelea en el entrenamiento y una hucha para recaudar

El torneo del KO en 1954 no tuvo demasiado brilló para el Athletic, que se despidió del mismo en cuartos de final frente al Barcelona. Fue un año de tantos, sin demasiado para recordar tampoco en Liga, con los leones en una indiferente sexta posición de una liga de 16 equipos y con solo 4 puntos que el decimocuarto clasificado. Ese curso tampoco hubo competición europea.

Así que la sustancia vino de fuera, de lo que se cocía alrededor de los entrenamientos en un San Mamés, con puertas abiertas y de fácil acceso para los chavales de la zona. Por allí pasaban todos los niños que residían en las calles Luis Briñas y Felipe Serrate, que de vez en cuando rivalizaban con los que venían de fuera.

El perímetro de San Mamés era entonces el patio de juegos de Ernesto Díaz (Bilbao, 1945) que vivía en una casa de Briñas desde la que, en aquella época, se llegaba a ver el césped pese a que meses antes se había levantado la tribuna que coronaba el arco. Los vecinos de Briñas todavía tenían ese privilegio porque el club no había construido lo que años después se conoció como la tribuna Garay. Ernesto, que años más tarde desempeñó su carrera profesional como periodista de TVE, vinculado a la información del Athletic, apasionado del atletismo y siempre inquieto con la reglamentación en los deportes y su correcta organización a través de asociaciones y federaciones —fue miembro de la Asociación General de Federaciones Internacionales del Deporte—, era un niño con suerte. Él y sus amigos, así lo ha contado en innumerables ocasiones, tenían el Athletic en el salón de casa. Faltaban a pocos entrenamientos porque San Mamés casi siempre tenía alguna puerta abierta para regocijo de los más jóvenes.

Los chicos de Briñas y Serrate alternaban sus partidos de barrio cerca del estadio con habituales incursiones en los entrenamientos. Se ponían detrás de una de las porterías y se encargaban de devolver los balones que caían en sus interesantes dominios. Por ahí vino la que puede considerarse la primera pelea del viejo estadio. En una de esas jornadas de entrenamiento las infantes cuadrillas de Luis Briñas y Serrate se toparon en el fondo con otro grupo de chavales que había llegado de la vecina Olabeaga, un barrio al borde de la ría, metros más abajo de La Catedral. Mucho niño y adolescente en ciernes para tanto balón. Así que mientras los balones se acumulaban en la grada Ernesto y sus amigos empezaron a darse palos con los chicos de Olabeaga, quizá con alguna ojeriza previa.

La batalla la reventó Piru Gainza, quien dio una voz pidiendo el cese de las hostilidades y reclamando todos los balones que habían terminado en la tribuna. La voz de Piru les puso en guardia, pero lo que más les llamó la atención es que el basauritarra hizo ademán de acercarse a la valla para saltarla y devolver los balones que esperaban sus compañeros. Lo que vino entonces pareció una feria de Navidad porque todos a una —los de Luis Briñas, Felipe Serrate y Olabeaga— devolvieron las pelotas con brío y un indisimulado arrepentimiento. Alguno de ellos tardó en quitar de su cabeza la reprimenda de Piru.

El caso es que la pelea en cuestión estrechó los lazos entre los cercanos. Los chicos de Luis Briñas y Felipe Serrate formaron un equipo, el Unión Club, del que poco tiempo después, en el momento violento previo a la devolución de los balones no había cumplido los 5 años, formó parte Ángel María Villar, años más tarde jugador del Athletic, internacional con España y en su retirada presidente de la Federación Vizcaína y a más presidente de la Federación Española, vicepresidente de UEFA y vicepresidente de FIFA. Llevó la dirección del fútbol español desde 1988 hasta 2017 y en todo ese tiempo el Athletic solo ganó una Supercopa (2015) pese a que desde distintos ámbitos y como coletilla interesada en el cacareo mundano se cantaba que el Athletic era el equipo de la Federación.

Villar, que fue el integrante más excelso de aquel equipo de barrio, fue de los que tuvo oportunidad de ver desde un curioso palco más de un partido del Athletic. Esa brillante localidad, no obstante, estaba fuera del campo. Pertenecía a la familia de Ernesto Díaz, porque era su piso de residencia. Desde allí se veía tan bien el campo que no había jornada en la que no se pasasen por allí varios amigos de la familia para acercarse a las ventanas y ver de manera preferente lo que ocurría en el escenario deportivo Se desconoce si el refrigerio corría a cuenta de los anfitriones o los palqueros que subían alguna vianda y bebida del bar Estadio, que años después sigue en la misma esquina de Luis Briñas con Licenciado Poza.

Fernando Daucik, el mejor partido de la historia, Carmelo y el Burnley

El mítico entrenador esloveno llegó a Bilbao con la vitola de ganador, con títulos —nueve —con el FC Barcelona de Basora, César, Kubala, Moreno y Manchón— aquellos a los que llegó a cantar Joan Manuel Serrat.

Para entrar con buen pie, una declaración que llegó a los hinchas del Athletic y a los bilbaínos… «los títulos que he ganado en el Barcelona puedo ganarlos en cualquier equipo» y comenzó una revolución que ponía fin a la gloria de aquella delantera mítica —Iriondo, Venancio, Zarra, Panizo y Gainza. Una historia de títulos, novedosos sistemas de juego.

Los '11 aldeanos' era la forma cariñosa con la que el presidente del club, Enrique Guzmán, se había referido a la alineación que de carrerilla había confeccionado Daucik, lo había hecho cuando la década de los cincuenta iba camino del final y los extranjeros eran cada vez más numerosos en los equipos que disputaban los campeonatos de liga y copa.

Aquellos 'aldeanos' entendieron a la perfección los sistemas de Daucik, sus innovaciones, los planteamientos tácticos, los cambios posicionales y así debutar en la Copa de Europa como ganadores de la liga previa a la llegada del esloveno.

Aquí comenzó esta magnífica historia, que culminó con el mejor partido de la historia… todo comenzó con un difícil rival en el debut europeo de los leones, el FC Porto, victoria en el debut en Oporto (1-2) y victoria en San Mames (3-2) con algunos apuros. El Honved de Budapest estaba esperando, y con ellos su líder, Puskás que no solo era el alma del equipo sino también el de la selección húngara que había logrado la primera victoria ante los ingleses en las islas. Una victoria (3-2) en San Mamés que daba esperanzas a un partido de vuelta que debió de disputarse en Bruselas y que venía marcado por la invasión de los tanques soviéticos a Budapest, un empate a tres y a cuartos de final frente al todopoderoso Manchester United.

El partido de ida en San Mamés, un 16 de enero de 1957 bajo la nieve que en forma de tormenta había cubierto la cuidada hierba de La Catedral con 36.000 espectadores como testigos, los leones se enfrentaban a los *busby boys*. Un partido de goles, muy físico, jugado bajo unas condiciones durísimas que acabó con un 5-3 favorable y que dejaba muy altas las esperanzas de alcanzar las semifinales, que nunca llegaron por el 3-0 favorable a los ingleses que se encontraron un Athletic mermado por las bajas.

Una reunión para un almuerzo años atrás, con la vuelta del Athletic a la Liga de Campeones, me ofreció el gusto de compartir mesa con Etura, Arteche y Uribe, que son tres de los que

En una de las visitas oficiales del Manchester a Bilbao, enero de 1957, el club les cedió el autocar para entrenar en Deusto porque San Mamés estaba cubierto de nieve.

se alinearon en aquel partido bajo la nieve. Uribe fue el primer goleador de la eliminatoria. «Nadie creía que les íbamos a ganar, pero les sorprendimos. Tuvimos una salida a por todas y marcamos en el 3'. Hacía un frío impresionante, pero allí no paró nadie», explicaba.

Los dos equipos notaron que era un día especial desde el calentamiento. También les dio para conocer cuál de las dos parcelas del campo estaba mejor después de varias horas de agua y nieve. Estaba tan pesado en algunas zonas que el sorteo de campos tuvo que hacerse dos veces porque en la primera la moneda se enfangó en un charco. Gainza, que tuvo la oportunidad de elegir hacia donde atacaba el equipo, estuvo hábil y cambió la dirección respecto a los campos del calentamiento.

El Athletic disfrutó la tarde de ese miércoles. Fue la culminación de una semana extraña, puesto que los leones habían perdido el domingo en Liga con el Jaén (4-2) y en su última aparición en San Mamés había caído también ante el Atlético (1-4).

Coincidiendo con la llegada a Bilbao del Athletic tras la derrota en Jaén el Manchester aterrizó en Sondica a primera hora de la tarde del lunes. Y de allí se trasladaron al Carlton, que fue su casa hasta la mañana del jueves. El Athletic que entrenaba Daucik aguardó el partido también concentrado, pero en una versión más modesta, en un hospedaje que había en el barrio de San Bartolomé, en Leioa.

La convivencia resultó más que satisfactoria porque los leones, en el arranque de la eliminatoria, siguieron poniendo buena nota a sus apariciones europeas en San Mamés, donde antes habían ganado a Oporto y Honved. A los dos por idéntico 3-2. Los húngaros eran un equipo de maravilla juntando en su alineación a Puskás, Kocsis y Czibor.

Uribe (2) y Marcaida llevaron al Athletic en ventaja al descanso. Taylor y Viollet acortaron una distancia que entre el 71' y el 78' Merodio y Artetxe volvieron a ampliar. San Mamés hervía en mitad del glaciar que se había convertido Bilbao y la general apretaba como acostumbraba. Contaba los minutos que restaban para el final del *slalom* ante los británicos cuando Whelan, a cinco minutos de la despedida, hizo el 5-3 definitivo.

El Athletic había ganado su tercer partido europeo consecutivo en San Mamés y le quedaba dar réplica a lo que plantearía en la vuelta el Manchester. El duelo decisivo se jugó el primer miércoles de febrero en Manchester, en Maine Road. El campo era el habitual del City, pero durante un tiempo también fue casa del United porque Old Trafford estaba en reconstrucción tras haber sufrido varios daños durante la II Guerra Mundial. El campo del City fue hostil para un Athletic que perdió por 3-0 y se despidió de un torneo en el que se consideraba imparable.

Uribe, artífice de la ventaja en la ida con dos goles, fue baja por lesión y en mitad del partido Carmelo se lesionó. «Me dieron una patada y me fracturaron un hueso. Jugué lo que quedaba de partido entablillado. Y ellos marcaron el tercer gol», contaba años después Carmelo. Lo hacía como si hubiese sido el día anterior. Todos los que jugaron esa eliminatoria la han tenido siempre presente. Fueron dos grandes días. Historia y leyenda.

Aquellas bajas y la forma en la que Daucik alineó a sus hombres con cambios posicionales difíciles de entender, unido a la derrota dejaba al esloveno a merced de las críticas. Lejos quedaba el recuerdo de la Copa lograda frente al Sevilla (1955) y la promesa en caliente del doblete que llegaría y, que llegó, al año siguiente.

Pero, la temporada no estaba siendo como se esperaba y Daucik no cejaba en su empeño de seguir en la búsqueda de soluciones nada fáciles de entender por los aficionados y llegó el día en el que todo aquello terminó.

Sin otra cosa que partidos amistosos para acabar la temporada de la mejor manera posible, si bien no hacia ni doce meses se había logrado el doblete y frente al United se había «jugado el mejor partido de la historia» llegó el Burnley a San Mamés y pese al resultado negativo al final de la primera parte (1-3) con Daucik empeñado en seguir con 'sus excentricidades' llegó el momento que puso punto final a su carrera y llenó de asombro y cierta vergüenza a los hasta entonces fieles de la parroquia.

Faltaban escasamente diez minutos para el final y se lesiona Canito, Daucik busca un recambio y no queda nadie. Manda a

Carmelo que ocupaba puesto en el banquillo a ver si en la caseta quedaba alguien y volver a jugar el tiempo que faltaba, pero la visita del portero al vestuario y la respuesta fueron, el detonante… «están todos duchados y vestidos» pero aun así, dicen las crónicas que se ofreció a jugar, con el plácet del esloveno y enfundado en una camiseta con el 11 a la espalda saltó al campo y comenzó a correr la banda, mientras el Burnley marcada de nuevo y San Mamés dejaba claro que ese no era el camino.

Fernando Daucik fue cesado fulminantemente al día siguiente, pero de alguna forma su herencia quedó para siempre.

Gainza, los 11 aldeanos
y el Mundial de Pelé

1 liga y 3 copas entre 1955 y 1958 levantó el Athletic de los 11 aldeanos, que es un término acuñado por el presidente Enrique Guzmán tras ganar al Real Madrid la final de Copa de 1958 en el Bernabéu. El Athletic de los 11 aldeanos, todos vizcaínos, había mandado a la lona al Real Madrid de Di Stéfano que empezaba a coleccionar títulos en la recién creada Copa de Europa. «Les hemos pasado por la piedra», festejó el presidente Guzmán.

Tenía razón. Los leones quedaron para la historia tras ganar una Copa esperada en Chamartín a un Real Madrid campeón de tres de las últimas cuatro ligas —la que le faltaba fue el primer triunfo de la generación del Athletic que quedó como el de los 11 aldeanos—, que fue un trofeo que después terminó dos años seguidos en las vitrinas del Barça para volver luego durante seis temporadas al Real Madrid. Por el medio apareció el Athletic. «Les hemos ganado con 11 aldeanos», pronunció de manera sonora y con efecto rebote el presidente Guzmán.

Gainza levantado a hombros de sus compañeros alzando el trofeo, lleno de satisfacción, dando la vuelta de honor al Bernabéu es una de las estampas más reconocidas en el amplio recorrido gráfico de la historia del Athletic. La imagen del triunfo. Piru, sarcástico como siempre, dejó otra frase para el recuerdo al recoger el trofeo del dictador Franco. «Otra vez ustedes por aquí», exclamó el militar ferrolano. «Y volveremos», respondió Gainza, que entonces era líder del Athletic y uno de los clásicos de la selección española, que no se había clasificado para el Mundial de Suecia. Por eso la final de Copa se disputó el 29 de junio, que fue el mismo día que se jugó la final que ganó la Brasil de Pelé. La *canarinha* todavía celebraba el título en el campo de Solna cuando Athletic y Real Madrid empezaron a calentar en el Bernabéu.

El resultado de la final fue de 2-0 para un Athletic que jugó con Carmelo Cedrún; Orue, Garay, Canito; Mauri, Etura; Uribe, Koldo Aguirre, Artetxe, Eneko Arieta y Gainza. Enfrente, defendiendo al Real Madrid que entrenaba Luis Carniglia, se alinearon Alonso; Atienza, Santamaría, Lesmes, Santisteban, Zarraga; Joseito, que jugó más de una hora lesionado, Mateos, Di Stéfano, Rial y Chus Pereda. Arieta y Mauri marcaron los goles del choque.

El Bernabéu tuvo 125.000 espectadores en las gradas y unos cuantos miles en televisión, que el partido fue uno de los primeros que se ofrecieron en España por una Televisión Española

Gainza es llevado a hombros tras la conquista de su séptima Copa.

que apenas tenía dos años de vida. Que nadie piense que la televisión acercó la final a muchos hogares porque en la España peninsular apenas había censados 30.000 aparatos en los inicios de 1958. La radio siguió haciendo el camino de acercar lo que ocurría en Chamartín, que fue escenario de polémica en el tiempo de designación y, de nuevo, con Guzmán ofreciendo frases y decisiones para la posteridad.

La Real Federación Española de Fútbol decidió al poco de conocer los finalistas que el partido se jugaría en Madrid, sin importar que el Real era uno de los contendientes. Guzmán protestó semejante postura y durante varios días batalló con Andrés Ramírez, secretario de la RFEF, para llevar el encuentro a otra ciudad. Por opciones y capacidades, lo ideal era jugarlo en el Camp Nou, pero la Federación se mantuvo en su idea porque Franco, el caudillo, no quería moverse de la capital.

Desde su residencia de El Pardo hasta el Metropolitano, campo del Atlético, apenas había 16 kilómetros y consideraban que jugando allí el Real Madrid no podía considerarse local y se perdían las prebendas, aunque disputar la final en la ciudad era una gran ventaja para sus aficionados.

Guzmán, convencido de que la final no se trasladaría, tiró de orgullo y apostó a lo grande. «Si hemos de jugar en Madrid, que sea en el Bernabéu. Habrá más entradas para los nuestros», defendió comparando los aforos de los dos campos cabecera de la capital. La Federación aceptó el reto y también la única condición que puso el presidente del Athletic: que la final se jugase con luz natural y sin uso de los focos, que era algo a lo que los leones no estaban acostumbrados. Y es que la luz artificial no llegó a San Mamés hasta 1962.

La final ganada al Real Madrid tuvo en el banquillo a Baltasar Albéniz, un eibarrés que sabía que a la vuelta de esas vacaciones no seguiría de entrenador de un club que había fichado a Martim Francisco. Albéniz fue contratado a la carrera para sustituir a Fernando Daucik, campeón de Liga (1) y Copa (2) en sus tres temporadas en el club, pero ya cuestionado. Que hubiese alineado a Carmelo como delantero en un amistoso —era el portero suplente y se había lesionado un compañero— fue una leve excusa para apartarlo del equipo.

Albéniz venía con una amplia carrera de banquillos que había iniciado en el Arenas en 1935 y que hasta su llegada a Bilbao había extendido en Celta, Espanyol, Real Madrid, Alavés, Osasuna y seleccionador español. La relación entre Albéniz y los futbolistas del Athletic tuvo más de un bache, aunque la sintonía no se quebró porque siempre fueron de cara. Poco antes de la final del Bernabéu el entrenador reunió a la plantilla para disculparse por lo que consideraba errores suyos durante la campaña. El vestuario aceptó de buen grado la charla y, más todavía, la petición de ganar la final que les hizo el entrenador.

Un día después del triunfo, cuando el equipo volvía en autocar a Bilbao con la Copa situada en un lugar preferencial, la expedición se detuvo a almorzar en Burgos. Entonces, en mitad de la comida, José Luis Artetxe pidió la palabra y fijó su mirada en Albéniz, al que agradeció el trayecto con el equipo y, también, la charla de dos días antes. Lo hizo con tanto sentimiento y claridad que provocó lágrimas de emoción en muchos de sus compañeros.

El colofón del Athletic de los 11 aldeanos se lo perdió Perico Birichinaga, que lo fue todo en el club durante varios años. Masajista, utillero y hasta entrenador circunstancial en tiempos de guerra. Habitó en la vivienda que el club disponía en San Mamés, muy próxima a los viejos vestuarios, porque era encargado *in situ* de toda la logística alrededor del equipo. Perico entró en el Athletic en tiempos de Mister Barnes, que era un entrenador con mano especial para las lesiones. Tomó a Perico de pupilo y Birichinaga se convirtió en el primer masajista de la historia del club. Estuvo 45 años ejerciendo en una camilla por la que pasaron futbolistas que dieron a la entidad 15 títulos de Liga y 6 de Copa. Perico falleció en enero de 1958.

Los pioneros en los triunfos

La Liga se fundó en 1929 para convertirse en el gran torneo de referencia de cada temporada. Desde entonces hasta 63 equipos diferentes han militado en alguna oportunidad en Primera División, pero solo nueve de ellos han conseguido levantar el trofeo. El Athletic, con 8 campeonatos, es uno de los que tiene ese privilegio, junto a Real Madrid, Barcelona, Atlético —los que han ganado más que los leones— Valencia, Real Sociedad, Betis, Sevilla y Deportivo, estos cinco clubes con menos triunfos que el Athletic.

El club bilbaíno, uno de los fundadores de una liga que en sus inicios contó con un derbi provincial con el histórico Arenas Club, fue el primer dominador de una competición que en la etapa primigenia compartió también con el campeonato regional, que con el tiempo fue desapareciendo. Los leones no ganaron la primera liga, pero sí fueron los primeros en conseguir dos títulos de manera consecutiva. Es más, entre 1930 y 1936 el Athletic campeonó en 4 ocasiones. El quinto triunfo se demoró hasta 1943, el sexto se produjo en 1956 y los dos últimos llegaron con el doblete de los años 80.

El Athletic destaca como uno de los primeros en triunfar. Y más de la mitad de sus 8 títulos de Liga, todos los que se produjeron antes de los años 50, se obtuvieron en buena medida por el sello de calidad que impusieron sus entrenadores, a su vez dueños de particularidad en sus respectivas vidas. Las ligas de 1930 y 1931 se ganaron con Mister Pentland, la del 34 con Caicedo, en el 36 con William Garbutt, aunque la campaña la inició en el banquillo el presidente José María Olabarria, y la del 43 con Juan Urkizu. Esa liga de Urkizu fue la única que tuvo a Zarra entre los campeones, aunque en esa ocasión el delantero no fue el máximo goleador del campeonato.

Las dos primeras victorias (1930 y 1931) se dieron con Mister Pentland (Frederick Beaconsfield Pentland) que fue un entrenador con semilla en la liga puesto que además de al Athletic, del que se ocupó en dos etapas diferentes, también dirigió a Racing, Arenas, Oviedo y Atlético. Habitual del bombín, la gabardina y feliz acompañado de un puro, Pentland transformó el juego del momento y ofreció variaciones respecto al fútbol de la época por el gusto hacia el pase corto. Era un entrenador metódico y amigo de cualquier detalle. Cuentan que no desaprovechaba la ocasión de aconsejar a sus futbolistas sobre cómo atarse los cordones de sus pesadas botas para, así, mejorar el control sobre el balón.

Su vida lo tuvo todo. Nada más abandonar su carrera como futbolista fue contratado en 1914 para hacerse cargo en Berlín de la selección alemana. No fue una gran elección porque al poco de instalarse estalló la Primera Guerra Mundial y en su condición de extranjero y británico fue retenido en el campo

Míster Bagge, en el centro, sigue el partido a la vieja usanza.

de concentración de Ruhleben, en las afueras de Berlín, donde siguió adelante con su cometido deportivo puesto que organizó un campeonato de fútbol para prisioneros. Después de la guerra, su primera labor como entrenador fue con la selección olímpica de Francia en los Juegos de Amberes. El Athletic le ha reconocido siempre como uno de sus estandartes del banquillo. En 1962, tras su muerte, el club organizó una misa de despedida en San Mamés y en 2010, en la conmemoración del 80 aniversario de la primera liga conseguida por el Athletic la dirección de la entidad invitó a la hija del entrenador para que realizara el saque de honor en el partido que enfrentó a los rojiblancos con el Barcelona.

Patricio Caicedo, bilbaíno de nacimiento, pero significado espanyolista en el fútbol, fue el primer vizcaíno en dirigir al Athletic a un campeonato de liga. Huérfano de padres, Patricio se crio en Bilbao con su hermana y en el *botxo* se hacía notar como *pelotari* y futbolista. Pronto voló a tierras pericas. En un viejo reportaje rescatado de la hemeroteca, el bilbaíno explicó su viaje a Barcelona. «Un directivo del Espanyol estaba en Bilbao para fichar a Belauste, que era internacional, pero no quiso marcharse. Le hablaron de mí y como mi hermana tenía pensado emigrar a América… pues no lo pensé», relató. Así se ligó al Espanyol. Fue jugador, entrenador y después tuvo participación en el club durante muchos años. Encaminó al Athletic hacia su tercera Liga, si bien su segunda campaña, sin título, fue más que complicada hasta que en el inicio del curso 35-36 fue destituido.

El cambio de entrenador provocó una circunstancia única en la historia del Athletic. José María Olabarria, entonces presidente, se colocó al frente del banquillo hasta que el club tuviera un nuevo técnico. El elegido era el británico William Garbutt, pero la contratación no fue fácil y se demoró más de tres semanas. Garbutt venía precedido de una buena experiencia en Italia, donde había sido campeón con el Génova, además de entrenar a Roma y Nápoles. Estaba avalado por el seleccionador Vitorrio Pozzo, campeón del mundo en 1934 con Italia, y Olabarria y los directivos tenían claro que era el entrenador para fichar. El año del debut fue exitoso porque el Athletic conquistó su cuarta Liga, pero el siguiente no hubo tal reconocimiento. Los directivos consideraban que Garbutt entrenaría una temporada más en Bilbao y le pagaron un billete de ida y vuelta a Génova para que organizase amistosos para la temporada siguiente. La Guerra Civil en España hizo que rechazase el regreso y el británico repitió experiencia en Milán y Génova.

El siguiente entrenador campeón de Liga fue Juan Urkizu, que ganó la de 1943 aunando en su figura la de ser la primera persona que ganaba un trofeo con el Athletic después de haber sido campeón como jugador del mismo club (3 ligas y 4 copas). El ondarrutarra, localidad en la que nació y murió, tuvo una particular carrera como futbolista puesto que jugó en más equipos a los que perteneció. Siendo jugador de Osasuna en 1926 jugó un derbi amistoso con la camiseta de la Real frente al Athletic para homenajear a Lippo Hertzka y esa misma temporada el club navarro también lo prestó al Espanyol para que los reforzase en una gira por América. Lo de ceder jugadores debía de ser muy habitual puesto que en 1927 el Real Madrid también lo tuvo de regalo en otra gira americana. Les gustó tanto que se lo quedaron en propiedad y en 1929 fichó por el Athletic, jugando a las órdenes de Mister Pentland.

Urkizu fue responsable técnico del Athletic de 1940 a 1947, igualó el número de partidos que dirigió Mister Pentland (241) y hasta Javier Clemente (289) fue el técnico que más encuentros había dirigido al Athletic en su historia. La experiencia en los banquillos la extendió durante 20 años más, aunque nunca con tantos partidos ni con tanto éxito como en el Athletic. Sus siguientes equipos fueron Barakaldo, Oviedo, Murcia, Aurrera de Ondarroa, Levante, Ourense y Deportivo Alavés.

Tráeme una radio de Canarias

El viejo estadio Insular de Las Palmas es ahora un parque urbano. Recreativo.

Un lugar de encanto para el Athletic, que en 1983 levantó allí su séptima Liga, la primera en los últimos 27 años. La mayoría de los protagonistas no habían visto nunca un Athletic campeón de liga. Lo disfrutaron el 1 de mayo de 1983, en un campo que ahora es un parque. Un parque que tampoco ha dejado del todo satisfecho a los vecinos, que no pierden la oportunidad de pedir mejoras y un mejor cuidado al ayuntamiento de la ciudad canaria. El Insular está tatuado en las venas de futbolistas y aficionados y son muchos los que cuando visitan la isla se pasan por el parque, para rememorar lo que allí ocurrió el 1 de mayo de 1983. Dibujan las jugadas que llevaron al Athletic a remontar una liga que no ganaron hasta la última jornada.

El Athletic de Clemente llegó a Las Palmas un punto por debajo del Real Madrid, que jugaba a domicilio en Valencia. Athletic y Real Madrid peleaban por el título de campeón y Las Palmas y Valencia, sus rivales y anfitriones, por no descender. El Athletic ganó, que es lo que debía para ser primero, y el Real Madrid no rascó el punto que necesitaba. La última jornada volteó los puestos de honor, pero también los del descenso. El triunfo del Valencia sacó del pozo a los que entrenaba Koldo Aguirre —aquel título es también suyo— y mandó a Segunda a Las Palmas, que perdió con el Athletic en el Insular, el campo que ahora es un parque.

Ganaron los leones con suspense en un partido de transistores. Salvo los cerca de 5000 aficionados que se hicieron con una entrada y viajaron a Las Palmas de distintas maneras, algunos de ellos el viernes junto al equipo en un vuelo con escala en Madrid, el hincha de base siguió el partido por la radio. La mayor parte, metido en sus respectivos domicilios, otros agrupados alrededor de la radio de un bar cercano, los supersticiosos alejados del ruido en el monte... La liga de los transistores, que además también era objeto de compra habitual por parte de los integrantes de los equipos que visitaban las islas por los bajos aranceles y un amplio mercado. Destacaban por encima de todos unos transistores pequeños —con cinta para sujetar en la mano— que eran envidiados en la península. Alguno de los encargos que tuvieron ese fin de semana los jugadores del Athletic no encontraron nunca su destino porque después de ser campeones los recados se olvidaron fácil.

El 1-5 al Las Palmas en una tarde de 30 grados y hierba como la lija puede parecer un paseo, pero el Athletic las tuvo tiesas porque el primer gol del partido fue de De Andrés, en propia puerta. Ese gol hacía campeón al Real Madrid. «Lo marqué para espabilar al equipo, que no habíamos entrado bien», bromea De Andres sobre aquello en más de una oportunidad. Zubizarreta, Urkiaga, Liceranzu, Núñez, De la Fuente, Sola, De Andrés, Urtubi, Dani, Sarabia y Argote salieron desde el inicio; Noriega y Julio Salinas entraron al campo como cambios y Cedrún y Patxi Salinas completaron la lista de convocados, que entonces era más reducida que ahora. El Athletic se llevó a toda la plantilla a un desplazamiento en el que también hubo pasaje para las parejas de los futbolistas. Un viaje de confianza: todos estaban confiados en que el Athletic ganaría su partido, al tiempo que coincidían en que lo difícil era que el Real Madrid dejase escapar el título por quedase sin puntuar en Mestalla.

El gol de De Andrés, con el efecto revitalizador del *akullu*, provocó una tormenta perfecta para los leones, que dieron la vuelta al resultado con tantos de Sarabia (2), Dani, Argote y Urtubi. En la despedida de Mestalla fue Tendillo el que hizo el segundo del Valencia y aunque un locutor de radio estuvo a punto de infartar a miles de rojiblancos al cantar como gol un remate al palo del Real Madrid los marcadores quedaron como estaban y el Athletic se proclamó campeón de Liga.

«No sabéis lo que habéis hecho. Ya veréis al llegar a casa», advertía Piru Gainza, que además de ídolo era un personaje con aura para Clemente y sus futbolistas. Tenía toda la razón que se asocia con las personas de edad que saben lo que se ha hecho. Futbolistas, directivos, periodistas e invitados tuvieron una larga cena en el hotel Reina Isabel en el festejo inaugural de una semana de celebraciones intensas.

La expedición regresó al día siguiente por la noche a Madrid y en la zona de aduanas del viejo aeropuerto de Barajas hubo no menos de medio millar de aficionados del Athletic esperando a los campeones. Esa noche tampoco se durmió porque el grupo hizo parada en el hotel Mindanao, donde después de cenar hubo 'puertas abiertas'. Con estar de vuelta para tomar el vuelo en dirección a Bilbao que partiría al día siguiente poco después de las 9 de la mañana era más que suficiente.

Nadie se perdió el primer vuelo del día entre Madrid y Bilbao, aunque la mayoría lo hizo dejando ir un espíritu vencido por el sueño y el cansancio. La esencia festiva se recuperó en Sondica, con miles de aficionados invadiendo la pista de aterrizaje para dar la bienvenida a los campeones. El colorido y jolgorio que se reunió esa mañana entre la pista y la zona de equipajes avanzaba lo que vendría después, con un histórico recibimiento en gabarra, dos o tres días de jarana continua con recepciones

Los jugadores del Athletic celebran el título de Liga
conseguido tras ganar al UD Las Palmas y escuchar por la
radio que el Real Madrid no pudo con el Valencia.

aquí y allá y una última comida en Ajuria Enea, invitados por el Lehendakari Garaikoetxea, en la que se sirvió menestra, solomillo y fresas con nata. «Somos una raza especial con casta de campeones», destacó Clemente con relación al poderío de un fútbol vasco que había enlazado tres ligas seguidas (las dos anteriores con la Real) y al que le quedaba todavía un cuarto título, que sería el segundo consecutivo del Athletic.

La gabarra

'Por el río Nervión bajaba una gabarra, por el río Nervión bajaba una gabarra...'

Un neófito en rojiblanquismo puede asociar esa cantinela a los últimos grandes triunfos del Athletic —la Supercopa, de momento, no ha tenido tal celebración— con plantilla, técnicos y directivos subidos en una gabarra surcando la ría, pero no. La conocida canción habla del Club Atxuritarra, que cuentan los que ahondan en la historia que no es más que una concesión para una buena rima. La primera gabarra que navegó por la ría, en un recorrido inverso a la del Athletic, fue la del Acero de Olabeaga, que en los felices años 20 festejó de semejante manera el título de Campeón de España B tras ganar en la final del torneo a Osasuna. El Aceros embarcó en una gabarra propiedad del naviero Manuel de la Sota, que tanto tiene que ver en la historia del Athletic, y bajó la ría entre los muelles del Arenal y Olabeaga.

El Athletic adoptó la idea casi 60 años después para adornar el título de Liga de 1983. La idea surgió en una reunión de Junta Directiva y se dio a partir de una propuesta del directivo Cecilio Gerrikabeitia, que el resto del grupo entendió como especial y el gerente Fernando Ochoa la consideró viable y productiva. Ochoa se puso manos a la obra, renunció al viaje a Las Palmas para acompañar al equipo en su intento de ganar la liga y trabajó en Bilbao con las autoridades para organizar lo que sería un recibimiento espectacular.

Lo que no barruntaba Ochoa es que la gabarra tuviera que hacer dos viajes en dos temporadas consecutivas porque en 1983 se festejó una liga y en 1984 el doblete.

Un millón de personas se congregaron en los márgenes de la ría desde la salida al mar en Portugalete y Las Arenas hasta el Ayuntamiento de Bilbao.

Dos citas únicas. En la primera, los colegios suspendieron las clases de la tarde para que los escolares pudieran acercarse a la ría a admirar el paseo triunfal de los campeones. Entonces, con una legislación más laxa que lo que se exige ahora para un desfile náutico, el galeón rojiblanco estuvo escoltado por barcos de recreo, piraguas, traineras, hasta se vio una bicicleta sobre patines de agua. En el 83 cada futbolista vestía como quería y se mezclaban los polos, con las camisas, algunos iban con jersey… La uniformidad en el fútbol era cosa de pocos clubes.

Vestimenta más que curiosa fue la de Agustín Guisasola, que en el momento de montarse en la gabarra en el Club Marítimo del Abra acabó cayendo al agua, no solo aderezado por las risas de los presentes sino por el miedo a un aplastamiento por los conocedores del riesgo. Pero, el de Éibar salió ileso, pero mojado y… para poder seguir con el festejo, dicen que Fernando Tirapu le dejó un «infame y pequeño» jersey a rayas con el que se paseó para la historia.

La gabarra y su comitiva remontan la ría entre Las Arenas y Portugalete.

En el Athletic en los viajes cada uno vestía como quería y hasta no mucho tiempo antes en los entrenamientos pasaba lo mismo con las camisetas que utilizaban unos y otros. La gabarra de 1984 contó con menor libertad de vestimenta y los campeones demostraron que en todo se mejora. Los integrantes de la plantilla vistieron camisas con finas rayas rojiblancas, que destacaba el momento y lo hacía todavía más especial.

Cualquier aficionado que ya ha entrado en los 50 tiene más que presente cómo fue aquella celebración gabarrística. O bien recuerda cómo se acercó hasta la ría o bien con quién lo hizo. Forma parte de lo imborrable. Por eso el siguiente gran título del Athletic se celebrará, otra vez, en gabarra.

El club y las autoridades lo tienen claro. Tanto que, en 2020, bajo el mandato presidencial de Aitor Elizegi, el Athletic alcanzó un acuerdo con el Itsasmuseum, que es el actual propietario de la gabarra de celebración, para la remodelación y saneamiento de la misma con el fin de que esta pueda navegar de nuevo en la ría.

El Athletic se gastó 200.000 euros en las obras de acondicionamiento de una embarcación que estaba afectada por la corrosión y que también necesitaba sustituir amarres y barandillas, para conseguir permisos y licencias de navegación. Una vez reparada y habilitada para volver al agua el museo marítimo se ocupará del mantenimiento para su uso conforme a la normativa exigida por la Administración y/o la Autoridad Portuaria correspondiente.

El acuerdo expira en 2040 y si ninguna de las partes lo advierte se prorrogará por otras dos décadas. Malo sería que en este tiempo no se viera de nuevo la gabarra en el agua con una Copa del Rey, un trofeo de Conference o Europa League, que en estos tiempos es el premio más ajustado con las aspiraciones del equipo. De momento, han pasado ya dos finales de Copa con el Athletic subcampeón.

En aras de la verdad, no obstante, conviene aclarar que la popular gabarra no es tal, sino que se trata de una pontona. Pero vete tú ahora a decir que gabarra está mal y que hay que llamarla pontona Athletic. Las gabarras tendrían capacidad de navegación propia, pero no las pontonas, como es el caso, que se tratan de embarcaciones sin gobierno ni propulsión que fueron ideadas para ser remolcadas y trasladar pesadas cargas en trabajos de agua o como soporte de grúas y demás herramienta pesada.

La gabarra Athletic que en realidad es la pontona Athletic se fabricó en los Astilleros Celaya de Erandio en 1960 por encargo de la Autoridad Portuaria de Bilbao para el transporte de materiales pesados. Celaya queda como lugar de culto para los hinchas del Athletic con devoción por el conocimiento y no son pocos los que al pasar por la localidad vizcaína lo asocian con el triunfo rojiblanco.

Los de Celaya dieron una alegría a la hinchada y ese fervor popular consiguió que una embarcación de tiro se convirtiese en visita obligada en el Itasmuseum y no haya alma rojiblanca que no esté deseando verla de nuevo en el agua.

Fabricada por los *Astilleros y Talleres Celaya* de Erandio en el año 1960 por encargo de la Autoridad Portuaria de Bilbao para el transporte de materiales pesados por la ría de Nervión.

Esta empresa fue fundada en el año 1928 por el empresario getxoztarra Juan Cruz Celaya Astigarraga como industria auxiliar naval, no introduciéndose en la fabricación de buques hasta el año 1942, con la entrega de varios buques de transporte de mercancías.

Pero además de por fabricar la gabarra del Athletic Club, esta empresa de Erandio es conocida por la construcción de buques escuela, entre ellos el *Simón Bolívar* para la armada Venezolana, el *Gloria* para Colombia, el *Guayas* para Ecuador y el *Cuauhtémoc* para la armada Mexicana, todos con un diseño muy similar y desarrollado por la ingeniería *SENER* de Getxo, inspirándose en el buque escuela alemán *Gorch Fock*.

Ibaigane se compromete a acondicionar la embarcación, abonando las labores de reparación y adecuación, y la Fundación del Museo Marítimo garantizará su mantenimiento para su uso conforme a la normativa exigida por la Administración y/o la Autoridad Portuaria correspondiente.

El presente convenio tendrá una vigencia de veinte años, siendo prorrogable por un periodo igual si ninguna de las partes comunica a la otra con un preaviso de seis meses su intención de no ampliarlo.

Dani, el capitán del Loctite

La víspera de la final de Copa de 2023 se cumplirán 39 años desde que el Athletic levantó por última vez un trofeo de campeón en el torneo. Nunca en la historia del club ha existido tanto tiempo entre festejos al respecto. Cualquiera diría que Dani Ruiz Bazán, capitán de aquel Athletic que disfrutó del doblete en Liga y Copa, tiene pegada aquella Copa con Loctite. Lo siguen diciendo, vaya sí lo decían. «Me gastan bromas diciendo que parecía que llevaba la Copa pegada con Loctite porque no la solté en todo el viaje», recordaba el de Sodupe con motivo de la firma del convenio establecido en 2020 para recuperar la gabarra.

Dani (28 de junio de 1951) es uno de los ejemplos de futbolista que triunfa en el Athletic forjado a través del fútbol vizcaíno. El camino que ahora se establece en Lezama antes se hacía a partir de servicios en distintos equipos cercanos. Así fue escalando Dani posiciones. El Athletic lo fichó cuando a los 16 años destacaba en el Sodupe y el Zaragoza había mostrado interés en su contratación. Venancio, uno de los clásicos del Athletic, estaba vinculado al club y tuvo una charla con Dani para decirle que interesaba a los leones. Qué más quería escuchar el delantero. Dejó de lado al Zaragoza y firmó de cabeza por el Athletic, no para jugar de inmediato, pero sí para empezar una bonita carrera. Militó en el Getxo y en el Villosa para luego incorporarse a Lezama y tras jugar dos años cedidos en el Barakaldo —hay imágenes preciosas del delantero vistiendo la gualdinegra en un Lasesarre embarrado— se incorporó a la disciplina del primer equipo del Athletic, donde completó 402 partidos en un total de 12 temporadas. Marcó 199 goles, que le colocan como tercer máximo goleador del equipo solo por detrás de Bata (208) y Zarra (335). Los *millennials* deberían ponerlo en contexto: Aduriz hizo 172 en 407.

Agarrado al trofeo de Copa a bordo de la gabarra, Dani disfrutó desde dentro de un título que desde entonces añora para los futbolistas que le han precedido. Con muchos de los que han estado a punto de levantar esa conquista tuvo relación cercana. El de Sodupe, donde desde hace años un torneo de cantera que lleva su nombre mantuvo una estrecha relación con el club una vez que colgó las botas: fue enlace entre directiva y vestuario hasta que se cruzó por medio una junta directiva que rompió el lazo de manera abrupta. No por ello tiró a la basura su tiempo en el Athletic. Dani se mantiene firme en las actividades de los veteranos del club, con los que ha jugado en innumerables ocasiones, pero con los que no ha vuelto a vestirse de corto desde que se rompió el tendón de Aquiles en el partido que supuso la despedida del viejo San Mamés.

Dani es uno de los tipos más reconocidos del último Athletic de éxito del siglo XX. Es difícil no haber tenido relación con

La Gabarra de los campeones, con Dani, agarrado al trofeo de Liga, y el presidente Aurtenetxe en proa.

él. Es simpático verle aparecer en moto para desplazarse por Bilbao. El Athletic ha sido parte central de una vida deportiva que en el inicio de los 80 estuvo a un paso de llevarle al Barcelona. El club azulgrana quiso ficharle en dos ocasiones y la directiva que presidía Beti Duñabeitia se negó en redondo. «En dinero habría ganado allí diez veces más, pero las satisfacciones que he tenido en el Athletic lo ha compensado con creces», resume el protagonista. El buen hacer en el Athletic le hizo jugar un Mundial y una Eurocopa con la selección española.

Ese cariño del que hablaba lo recibió en primera persona cuando en agosto de 1986 el Athletic se enfrentó a un combinado formado por excompañeros en el Athletic y en la selección. El resto de clubes de LaLiga, a pocos días de iniciar la competición, no tuvieron problema en ceder a sus jugadores para la ocasión. Dani era un futbolista muy respetado, con dos ligas y una copa en su palmarés, así que la reunión también contó con presencia del público: 35.000 personas asistieron a La Catedral a un partido para la historia. En el equipo de excompañeros se alinearon Zubizarreta, que acababa de fichar por el Barcelona, Arconada, Santillana, Juanito, Zamora, Cedrún, Sola, Señor… todos ellos dirigidos por Ladislao Kubala. Lejos de un plano preferencial, por decisión propia, estuvo Javier Clemente, técnico de Dani en los títulos conseguidos pero despedido del club en primera instancia, que luego hubo alguna más.

Cuando Urtubi pierde la sonrisa...

La relación de títulos de Copa se clava en 1984, que ya es demasiado tiempo sin premio para un club que parecía disponer de magnetismo con el torneo que, tal y como están las cosas, es la competición que más cerca tiene para ganar. Un año después de levantar aquel último título el Athletic se vio otra vez en la final. Fue contra el Atlético y la perdió entre otras razones porque en el primer periodo, con los leones mandando en el partido, Miguel Pérez, el árbitro de la noche, pitó penalti por unas presuntas manos de Urtubi tras un saque de córner de Landaburu.

Un penalti que borró la sonrisa a Isma Urtubi, que es uno de esos tipos que siempre se acompañan de una carcajada y el buen hacer para las bromas. Lo veremos con datos. Pero detengámonos en el penalti. «Landaburu sacó un córner muy tocado y es cierto que levanté las manos, pero el balón pega en el larguero y sale disparado. Si me da en la mano no se mueve de allí», confiesa el protagonista. Miguel Pérez, en cambio, no dudó. Tampoco el encargado de poner voz al resumen de Televisión Española. «Urtubi toca el balón con las manos y después da en el larguero», se aprecia en el comentario al que se tiene acceso a través de la página web del ente.

La jugada derivó en el 1-0 de Hugo Sánchez. El mexicano marcó después un segundo gol y Julio Salinas hizo el tanto del equipo que entrenaba Clemente. Los rojiblancos cedieron en el Bernabéu un título de campeón que siguen sin recuperar.

El Atlético empezó a ganar la final a partir de un penalti desmotivado que solo defendió Miguel Pérez. El árbitro catalán era de defender cosas raras, la verdad. Cuatro años antes, en la final de Copa juvenil entre Athletic y Real Madrid, el barcelonés, que no era un recién llegado ya que pitó el encuentro con 41 años, dio por válido un gol del madridista Michel que había entrado por un agujero del lateral de la red. Patxi Iru, que era el portero del Athletic, le hizo ver el agujero y casi advertirle que por allí podían entrar dos corzos y un jabalí, pero no. El sufrimiento fue doble para los Salinas, Julio y Patxi, que padecieron los errores en la final juvenil y en la absoluta.

Volvamos a Urtubi, el 10 del Athletic que vio cómo le pitaban un rocambolesco penalti. Vizcaíno de Muskiz, señalado en el vestuario y por sus compañeros como 'el jabalí', Isma era el que ligaba la salsa en el último Athletic campeón de Copa. El buen ambiente y las tardes de risas estaban garantizadas al lado de Urtubi, a quien algún entrenador tuvo que ir a buscar a su domicilio familiar después de haber faltado a un par de entrenamientos por andar con su hermano zascandileando por el bosque cercano a la casa. Amante de la caza, Urtubi, que lo mismo

Urtubi, De la Fuente y Patxi Salinas jugando
al tenis durante una concentración.

jugaba de interior que de lateral de largo recorrido, se llevó la escopeta en más de una oportunidad a las concentraciones de Lezama y al amanecer pegaba dos o tres disparos que ponían en guardia a media plantilla.

¿Imaginan verle con gesto serio? Pasa pocas veces, pero es que no hay humano sin genio. Urtubi es de los que sabían capear con chanzas los momentos complicados. Había que vigilarle más que cuando iba a armar su potente disparo. Pregunten a Julio Salinas, cuando una mañana se encontró su coche aparcado en el centro del campo en el que iban a entrenar a las órdenes de Clemente. Julio no daba crédito. Mejor no preguntar de quién fue la idea. Del mismo que en otra ocasión decidió aprovecharse de las manías de Sarabia —que alguna vez cuando era suplente arrancaba el partido sentado sin las botas, que dejaba al lado del banquillo— para cogerle las herramientas de trabajo y tirarlas detrás del banquillo sin que Sarabia se percatara. ¡Qué figura! Clemente mandó calentar a Sarabia y el delantero se vio sin botas. No le pasó una vez, le ocurrió dos porque Urtubi continuó la broma en un partido de la selección. Pues sí, a Urtubi Miguel Pérez consiguió sacarle de quicio y ponerle serio.

3000 goles y una liga

El último trofeo de campeón de Liga data de 1984. Lo consiguió el 29 de abril de ese año después de ganar a la Real Sociedad en San Mamés en el último partido del torneo. Empató a puntos con el Real Madrid, con el que tenía el *average* ganado. Esa liga hace la número 8 en la historia del club y es la segunda vez en la historia que los leones obtienen dos triunfos en el campeonato de manera consecutiva. Es decir, la mitad de sus títulos ligueros han sido seguidos. En 1984, en San Mamés, cosieron otra muesca a lo que habían hecho en 1983 en Las Palmas, igualando el precedente que había de las ligas 1929-30 y 1930-31.

La Liga 83-84 se decidió en un derbi, con dos goles de Liceranzu, y no se celebró hasta que una semana más tarde el equipo también ganó la Copa. Bueno, eso de que no se celebró no es tan cierto como pudiera parecer. Clemente se llevó a los jugadores a dormir en Lezama, donde hubo un festejo que luego siguió en las habitaciones, en unas más que en otras, porque el técnico quería entrenar al día siguiente para no perder de vista la final de Copa del Bernabéu frente al Barcelona. Ese día no se vio a ningún león por la calle. Sí al siguiente, cuando entrenador y futbolistas tuvieron reconocimiento en una multitudinaria cena que había organizado para aficionados el diario *Deia*. El compromiso incluía su saludo. Y allí estuvieron.

El título se fraguó a lomos de Liceranzu, Rocky, que era un central poderoso en las dos áreas. Suyos fueron los dos goles del Athletic en el partido ante la Real. Fueron goles con premio. El primero, el que abría el partido, supuso el gol 2999 del Athletic en Liga y el segundo, el que deshacía el empate conseguido por Uralde, sumó el 3000. Liceranzu guardará siempre espacio en el *ranking* de goleadores milenarios: Iriondo hizo el 1000 en Liga, Latorre el 2000 y Ezquerro el 4000. El 5000 todavía no tiene asignado dueño.

Rocky, apodo que daba cuenta de su fortaleza, atendía por Iñigo como nombre de pila, aunque tiempo después, con la proliferación de fichas exhaustivas y datos, se conoció que era Jesús Iñigo. Pocas veces habrá atendido al que le llame por Jesús. Liceranzu, que en aquella temporada había cumplido 25 años de edad, participó en 22 partidos de Liga y marcó 7 goles, que le convirtieron en segundo goleador de la plantilla solo por detrás de Sarabia (9) y con un gol más que Noriega y Urtubi. Dani, capitán del Athletic campeón, había sufrido una grave lesión y solo pudo participar en 10 partidos de Liga... y marcó tres goles. Liceranzu salió del club en 1988 y firmó tres temporadas con el Elche, aunque sus maltrechas rodillas dijeron basta al llegar al primer verano. «El sabor de ganar una liga con el Athletic siempre será distinto a hacerlo con cualquier otro equipo», es una frase que Rocky ha repetido en más de una oportunidad.

Los jugadores del Athletic celebran uno de los goles que dieron el triunfo ante la Real en la conquista de la última Liga.

La Liga que se ganó en San Mamés ante una Real en la que pocas veces un goleador (Uralde) habrá celebrado tan poco un tanto propio en un derbi, tomó un impulso definitivo el domingo anterior, cuando el Athletic pudo con el Valencia en Mestalla. Fue un partido duro y con resolución de última hora. Dani puso la proa hacia el título, pero García Pitarch empató a 10 minutos del final. Lejos de entrar en pánico, los leones lo arreglaron con un gol de Noriega.

Aquel gol quedará para la historia, pero para otra historia, una triste pero que significa tanto... En El Salvador, los jesuitas liderados por Ignacio Ellacuría estaban rodeados por los mismos militares que los asesinarían momentos después, pero mientras se defendían a base de disparos, Ellacuría escuchaba Radio Exterior de España y en un momento, en ese momento en el que no queda esperanza, esta llegó enfundada en una camiseta del Athletic. «No todo está perdido, Noriega ha marcado en Valencia»... aunque para ellos no hubiera ninguna esperanza, la frase quedó para la historia.

El duelo de Mestalla aceleró los preparativos de una celebración que se daba por cantada, pero en el Athletic no se fiaban de nada. El 1 de abril los goles de Goiko y Dani sirvieron para derrotar al Real Madrid, con el que porfiaban por el campeonato, pero a la semana siguiente los de Clemente no sumaron nada ante el Betis. Volver a empezar. Vencieron el torneo ganando sus tres últimos partidos por 2-1.

En un San Mamés como debía, sin un hueco, repleto de banderas y con aficionados esperando en las puertas desde dos horas y media antes del inicio del partido, el triunfo rojiblanco seguro que le hizo también algo de ilusión al canario Merino González, que además de árbitro del encuentro sentía simpatía por el club bilbaíno. Tenía amigos en Bizkaia, Sergio era uno de ellos, y disfrutaba cada vez que le tocaba acudir a San Mamés. El título transformó Bilbao en dos semanas de fiesta porque después esperaba la Copa. La excelencia liguera multiplicó el número de los aficionados que después fueron a la final copera en Madrid y la fiesta continuó hasta una semana después de bajarse de la gabarra. «Había días que no sabíamos ni adónde íbamos. Fue magnífico», resume un conocido futbolista de la época.

La Liga se puso del lado de un club y una afición que habían tenido un año complicado. El Athletic había sufrido la sanción a Goikoetxea por su entrada a Maradona, había perdido a Dani por lesión y entre octubre y noviembre se le fue la participación europea, cayendo con el Liverpool, y la Supercopa, en la que cedió ante el Barcelona. Parecía que el curso venía gafado de serie, y es que el 26 de agosto de 1983, a pocos días de comenzar el campeonato, Bilbao registró el peor desastre natural de su historia moderna con las inundaciones que afectaron a País Vasco, Cantabria, Navarra y Burgos: hubo 39 fallecidos (34 de ellos en País Vasco) y cinco desaparecidos. Los daños se estimaron en 1200 millones de euros y alrededor de 900 se contabilizaron en Bilbao.

No era el mejor presagio posible. Las inundaciones se dieron con la Aste Nagusia lanzada, arrasaron el Casco Viejo y cargaron de lodo innumerables pueblos de las cuencas de los ríos vizcaínos. Dos días antes del diluvio el Athletic había jugado con derrota frente al Benfica un amistoso en Lisboa. Tardaron en reunirse de nuevo para entrenar. LaLiga aplazó el primer partido del campeonato, que los leones debían jugar en San Mamés, y el equipo no se presentó ante su público hasta el 18 de septiembre, frente al Salamanca. Un soplo de ilusión para la hinchada, que se lo pasó en grande con un 6-3 trepidante: empezó ganando el Salamanca, el Athletic hizo sus tres primeros goles entre el minuto 20 y el 24 y los restantes del 40 al 48.

Así empezó en San Mamés la Liga que el 29 de abril se convirtió en el octavo título con los goles de Iñigo Liceranzu.

¡El Papa escribe a Clemente!

En el viejo Bilbao del cambio de siglo xx al xxi, el Bilbao que celebró los todavía últimos títulos de liga del Athletic, más de uno hubiese dado parte de su herencia a Javier Clemente, que fue el técnico que lideró en el banquillo la conquista de aquel equipo de comienzos de los 80, cuya plantilla conocen de memoria todos los futboleros que se manejan entre los cincuenta y los sesenta años. Los que tienen más edad se acuerdan de otras y los que cuentan con menos recuerdan equipos que no ganaron la Liga. El rubio de Barakaldo, su localidad natal, forma parte del ADN de toda una generación. Lo hace, además, a su estilo, sin indiferencias: es difícil pasar de Clemente. O lo tienes en un altar —un amigo que hace no mucho entró en los 50 siempre se refiere al técnico como Dios— o más bien eres de los que le aconsejarías que ya es hora de que guarde silencio. Dicen que la virtud está en el término medio... pues bien, en este caso es complicado darse.

Clemente es como un volcán: una poderosa erupción que arrasa y solidifica y, con el tiempo, débiles aunque constantes réplicas que siempre hacen que el terreno se remueva. En este caso, el recuerdo. En 1985, todavía con Clemente moviéndose en un episodio casi de deidad por eso de ser entrenador con triunfos, la editorial Baroja publicó un libro de Kepa Bordegarai (Bilbao 1951) titulado *Clemente*. Nada más. El título, en imponente tipografía de color rojo, encabezaba una fotografía de Clemente vestido con chaqueta de chándal azul Adidas y un pantalón corto de la misma firma deportiva que vestía entonces al Athletic. La contratapa, teñida de rojo, incluía opiniones del momento de Juan María Uriarte (obispo auxiliar de Bilbao) y José María García (periodista de Antena3) además de reflexiones de Santi Brouard, recogidas de sus conversaciones con Txomin Ziluaga tiempo antes de ser asesinado por los GAL en noviembre de 1984.

El libro es una curiosidad de la época porque hasta entonces la carrera de Clemente se limitaba a Arenas, Basconia, Bilbao Athletic y Athletic en una primera etapa de éxitos. Era un líder sin discusión. Y el libro así lo presenta con extensas reflexiones de todos los ámbitos además de fotografías de toda índole, familiares y futbolísticas.

En la entrevista que abre los capítulos el entrenador debe contestar a la pregunta de qué equipo haría para jugar su propia vida. La respuesta, que cuenta el autor le llevó un tiempo, se resume en lo siguiente: «El Papa, Juan Mari Uriarte (obispo auxiliar de Bilbao), Xabier Arzallus (presidente del PNV), José Mari Arriola (notario), Juan Mari Uribe (amigo), Asen Beitia (amigo), Pedro Aurtenetxe (presidente del Athletic), José Julián Lertxundi (directivo del Athletic), Alfonso Azuara (periodista de RTVE) y José María García (periodista de Antena 3). También pondría a Santi Brouard, pero desgraciadamente no puede ser titular, aunque siempre juegue conmigo».

El autor dedicó el último capítulo del libro a una tribuna abierta sobre Clemente por parte de todos los citados. El Papa Juan Pablo II también participó, aunque no escribió directamente al entrenador. Pero sí cedió su nombre y un extracto de uno de sus más de 40 mensajes pastorales que durante su papado dedicó a los deportistas. Las líneas reservadas a Clemente recogen parte de la homilía *El deporte: sus valores a la luz del Evangelio de Cristo Redentor* ofrecida por el Pontífice en el Jubileo Internacional de los Deportistas en el Estadio Olímpico de Roma el 12 de abril de 1984.

El Papa no hizo línea aparte con Clemente, pero sí permitió que se utilizase un texto anterior y bastante reciente alrededor del deporte. Cualquier no lo tendría. Quizá contribuyese a ello la buena relación de Clemente con Uriarte, obispo auxiliar de Bilbao, quien dejó claro su estrecha relación con el entrenador al destacar entonces que «los cercanos sabemos cuánto significan para él la amistad, la patria, la ética, la fe cristiana».

La figura de Clemente convergía para bien en las instituciones de gobierno en el País Vasco. Era un tipo más que considerado. ¿Habría tenido futuro político? En *Clemente* tiene que responder a la pregunta de cómo se las arreglaría si tuviera que hacer un gobierno. «Lo primero, cogería a toda la gente dispuesta a trabajar por el mayor éxito de Euzkadi, independientemente de cuál sea el partido al que pertenezcan. Me olvidaría de las siglas. Pasaría por encima de los intereses más particulares o localizados. Creo que hay mucha gente en esta tierra dispuesta a pelear por ese objetivo, independientemente de los partidos». Palabra de Clemente.

El rubio creaba la uniformidad de pensamiento que todo líder anhela. Pero el cisma llegó. Tenía que hacerlo porque las consideraciones *ad aeternum* no tienen cabida en la sociedad. El idilio de Clemente con la grada se rompió a partir de su enfrentamiento con Sarabia, que era idolatrado por lo que hacía en el campo. La orquesta se hizo añicos en 1986. Clemente apartó a Sarabia del equipo y cuestionado por el presidente Aurtenetxe

Clemente, en el proceso de recuperación de la lesión que le retiró
del fútbol, bromea con insignes compañeros e Iriondo.

no ofreció explicaciones. «Hay cosas que ni el presidente puede saber». El incendio era espectacular. Tanto que en mitad de esa guerra Clemente cita en su casa a toda la plantilla, con la única excepción de Sarabia, y en la reunión también participa Juan Mari Uriarte, obispo auxiliar de Bilbao, y Kepa Bordegarai, el mismo que había escrito el libro *Clemente* y que realizaba trabajo de prensa en el PNV, en busca de respaldo del grupo de jugadores. El presidente Aurtenetxe y la directiva entendieron que el rubio se extralimitaba en sus funciones y actuó con rapidez cesando a Clemente, pese a que los futbolistas manifestaron que el técnico no debía irse.

¿Pero qué pasó entre Clemente y Sarabia? Lo fundamental fueron motivos deportivos, quizá crecidos por un ataque de celos profesionales, que no de los otros. Y es que en este vodevil hubo también vela para el periodista Luis del Olmo, quien en mitad de la refriega se atrevió a lanzar en su programa de radio que la distancia entre Clemente y Sarabia se debía a un asunto de faldas. Fue un volcán que terminó en los juzgados por un pleito de Clemente, que ganó con rotundidad lo que se demostró un infundio gigantesco. La teoría de Clemente respecto al conflicto es que Sarabia había perdido compromiso con el grupo, era descuidado con salidas nocturnas y no mantenía la unidad de acción que pedía para el grupo. La temporada siguiente al despido de Clemente, Sarabia intervino en todos los partidos de Liga y marcó 11 goles, su tercera mejor marca en el torneo con el Athletic. No hubo mucho más Sarabia. En 1988 el de Gallarta se fue al Logroñés, donde colgó las botas la campaña 1990-91. Ese curso Clemente dirigió al Athletic por segunda vez. Y hubo tiempo para un tercera.

Ricardo Gallego organizó el homenaje a De Andrés

La mala fortuna se cebó con Miguel De Andrés, el rubio de Otxagabia, en un partido contra el Real Madrid, fue una jugada totalmente fortuita, en la que Ricardo Gallego es empujado por un jugador y cae sobre la rodilla del rojiblanco. Se teme lo peor y así fue… comienza el calvario del *box to box* operación de rodilla, problemas post operarios y la carrera de aquel excelente jugador terminó de la forma más abrupta.

Eran otros tiempos en los que el romanticismo, el señorío, el compañerismo y sobre todo la solidaridad todavía formaban parte del fútbol y así fue cómo se comenzó a fraguar un homenaje a De Andrés, que curiosamente junto con el de Txetxu Rojo, que logró que el Athletic se enfrentara a la selección inglesa, que los «pros» estaban muy interesados en conocer con detalle su sede mundialista del 82.

La fecha elegida un 19 de diciembre de 1989, el rival el Real Madrid. El partido lo tenía todo y así fue hasta en el resultado ganado por el Athletic por un gol a cero.

Hasta aquí todo era lo habitual en estos casos, pero vayamos a lo que no fue tan habitual. El día comenzó como suelen comenzar los días de diciembre en Bilbao, nublado con algo de lluvia que iba a calmar a lo largo del día… y, con esas primeras luces la primera reunión en el cuartel general de la causa: el hotel Ercilla de Bilbao con Jesús Arancibia, Javi Corman y Juan Elejalde entre otros. La reunión la típica en esas circunstancias: entradas y empujón final para ver si se llenaba San Mamés.

No puedo evitar mencionar que entre 'esos otros' yo estaba llevando algunos temas de promoción entre los medios locales y hasta la hora de comer el plan con Miguel era ir por las emisoras y a la televisión a convencer a los perezosos y a recordar a los despistados el plan que había para esa tarde/noche prenavideña.

Cualquier bilbaíno sabía que el pistoletazo de la navidad era una mezcla del encendido de las luces de El Corte Inglés, las luces de la Gran Vía y el mercado de Santo Tomás que se celebraría dos días después, así que el plan era perfecto, todo estaba controlado, solo había que seguir el plan.

Pero el plan… comenzaba con sorpresa.

Entrevista en el TeleNorte de Televisión Española con Alberto Bacigalupe al frente, enorme cordialidad, gran entrevista, apoyo total y de repente… aquellas malditas imágenes, las que Miguel de Andrés posiblemente tenía guardadas sin intención de desempolvar en su memoria, estaban en el monitor frente a él.

Nunca antes había visto la jugada, nunca había querido hacerlo y, de repente, allí estaba.

Nadie sabía que Miguel no había visto la jugada y ¿era el momento de comentarla? Con un aplomo como el demostrado en los campos, Miguel De Andrés vio la jugada y certificó sin rencor alguno que la mala suerte se había cebado con él. Así, sin más. ¡Un señor!

El día siguió agotando las horas… el Madrid con todas sus estrellas había llegado a Sondika, un problema menos.

San Mamés presentaba su mejor cara, comenzaba el espectáculo y las emociones fluían, una fiesta que el público celebró con el ambiente típico de San Mamés y con una demostración de respeto y cierta admiración hacia el Real Madrid. Lo que entonces no sabía el público, ni nadie era que el Real Madrid se había sumado al homenaje cubriendo todos sus gastos.

Nunca supimos si fue Ramón Mendoza o Ricardo Gallego, que pidió permiso al presidente del Udinense —equipo al que había sido traspasado— para poder jugar por última vez con la camiseta del Real Madrid, los que organizaron el homenaje, solo sabemos que el señorío, el respeto y la admiración en todos los sentidos llenó San Mamés.

Diego Maradona y el personaje sorpresa

Quizás sería bueno centrar la historia en el contexto de este libro… Maradona había vuelto al fútbol tras su sanción por dopaje en el Napoli y el debut oficialmente con su nuevo equipo, el Sevilla un 4 de octubre de 1992, sería en Bilbao, qué curiosidad de nuevo ante el Athletic, el mismo club ante el que había jugado su último partido en el fútbol español ocho años antes.

Bien porque el Sevilla tendría que hacer frente al enorme coste del jugador, bien porque el jugador tenía compromisos que atender, era necesario organizar algunas cosas para poder atender el contrato televisivo del argentino. Y para organizar esas cosas era preciso conocerlas y para eso… cómo han cambiado los tiempos, la llegada del jugador con su equipo al hotel Villa de Bilbao se antojaba como el mejor momento.

Con una Coca-Cola por medio, pese a los acuerdos del jugador con Pepsi, y algunos cigarrillos comenzó la recogida de datos. Me tocó vivir aquello en primera persona y hacerlo directamente con Diego Maradona era la mayor de las sorpresas.

Un educado Diego Maradona pidió al Athletic Club un estudio de televisión donde las cámaras del canal argentino que le pagaban una fortuna por sus declaraciones postpartido pudieran trabajar. No había problema.

Un lugar de aparcamiento, accesos, etc… se negociarían más tarde con los productores, pero las primeras explicaciones y la petición, posiblemente buscando que aquel estudio no estuviera sujeto a costo alguno la hizo el propio Diego.

Y, cuando todo estaba claro y era el momento de ponerse en marcha llegó la sorpresa.

«¿Diego, vos sos dios, qué hacés hablando con este hijo de mil putas?».

La frase de alguno de los agentes del argentino sonó dura, pero conociendo al paisanaje, no dejaba otra respuesta que la contundencia.

«Este hijo de mil putas es el que tiene la llave del estudio».

Mensaje recibido, la cadena que pagaba no entraría y los dólares volarían y con ellos las comisiones y… vinieron los lloros.

Nunca supe con certeza quién era aquel arrogante maleducado que nunca entró en San Mamés, salvo que comprara entrada.

Lo que sí supe es que Diego Maradona lo sacó a patadas, se disculpó y volvimos a la casilla de salida. Todo arreglado.

El Athletic ganó 2-1 con goles de Luke y Ziganda, Maradona fue sustituido por Cortijo en el 71 y pudo atender a ATC que pagaba los festejos del argentino.

Sería injusto no mencionar que Diego Maradona agradeció las facilidades prestadas y de aquel personaje sorpresa nunca más se supo en San Mamés.

Andrinua, capitán de los leones, saluda a Maradona,
que regresaba a San Mamés a LaLiga con el Sevilla.

De cervezas y chupitos por Cuba

La expansión continental que tanto han desarrollado los distintos equipos de LaLiga en los últimos años, con giras veraniegas en las que ya solo falta incluir un resort tailandés, es conocida para el Athletic de tiempo atrás. Los leones ya jugaron para sacar unos cuartos en los años 30 en México y repitieron en los 60 en Estados Unidos. En 2015 el Athletic participó en Boise, en una acción más sentimental que pecuniaria, y la intención es que a partir del verano de 2023 la relación transoceánica sea más continuada. Europa se queda corta para los entramados comerciales y de futuro negocio que persiguen los clubes, que con presupuestos de empresa es lógico que busquen recursos económicos y trabajen nuevas líneas de negocio. Lo hecho ahora estuvo inventado mucho antes, aunque entonces las giras al otro lado del charco tenían de todo. Hasta cerveza y chupitos de ron en todas sus combinaciones.

En 1935 el Athletic viajó a México, con escala en La Habana (Cuba) para realizar una gira de un mes de duración enfrentándose a varios equipos mexicanos. Fue un viaje de los de entonces, en barco. La ida, partiendo del puerto de Santander, se hizo a bordo del Iberia y la vuelta en el Orinoco. En el primer trayecto la expedición rojiblanca hizo escala y estancia de un par de jornadas en La Habana, donde fueron agasajados con gran pasión. Les organizaron un plan de actos que no tenía nada que envidiar a los representantes de empresas punteras, inversores o cuerpo diplomático. El Athletic vivió Cuba en todo su esplendor y, en parte, el relato de lo que allí ocurrió se debe a Pedro Fernández Alonso, periodista del *Diario de La Marina*, un prestigioso y centenario diario que se editaba en La Habana, que firmaba sus crónicas como Peter y que fue sombra de la expedición rojiblanca desde que su barco llegó a puerto.

Las crónicas de Peter son delicia por los datos y naturalidad en los mismos. El periodista subió al barco para dar la bienvenida a los leones y allí estuvo esperando en la escala de vuelta con el convencimiento de que el Athletic se quedaría en La Habana para jugar al menos dos partidos más y extender la gira que en México le había enfrentado a América, Atlante, España y Necaxa. De lo acontecido en México dio buenos apuntes Félix Martialay en su libro *La selección española de futbol (1930-39)*. Entre ellos destaca el telegrama que Pedro Mateache, responsable de la expedición, envió a Bilbao tras el primer encuentro con el América. «Perdimos 2-1. Contentos actuación del árbitro. Ha habido una buena entrada. Seguimos sin novedad».

Mateache estuvo al mando de un grupo que completaban Patricio Caicedo, entrenador, Pedro Birichinaga, masajista, y los futbolistas Blasco, Ispizua, Zabala, Luis, Oceja, Cilaurren, Roberto, Muguerza, Calvo, Gerardo, Careaga, Iraragorri, Bata, Mundo, Urra, Gorostiza y Elices. «Serán nuestros huéspedes de

Los jugadores de Athletic de los años 40 ya demostraron
que eran algo más que simples compañeros de equipo.

honor los magos del balón que defienden las sedas deportivas del equipo español de más abolengo en España», escribió Peter el 18 de julio de 1935 cuando en el diario que se vendía por 5 centavos anunciaba la agenda de los rojiblancos.

El besamanos comenzó en la cubierta del vapor, en la que uno de los más felices fue Celestino Juaristi, presidente del Centro Vasco de La Habana. En ese primer saludo participaron empresarios de la isla, que son los que habían sufragado gastos y también los patrocinadores de lo que después vendría. Había ganas de descansar entre los expedicionarios, pero fue complicado. Nada más bajar del barco los futbolistas fueron invitados a la Casa de Arechavala, que era sede de Havana Club. Peter, que lo vivió en primera persona, contaba en el diario que «se invitó con bocaditos y con uno de esos *cocktails* que avivan. Salieron todos muy contentos».

Pasado el primer trago, los jugadores se dividieron en grupos para visitar clubes deportivos de la ciudad… que también habían aflojado la mosca. Miramar Yatch Club, Habana Yatch Club, Vedado Tennis Country Club, Biltmore y American Jockey Club fueron los centros elegidos antes de que todos los expedicionarios se volviesen a unir en el Stadium Cerveza Tropical, que estaba dedicado al beisbol. Allí también les esperó un refrigerio, esta vez patrocinado por el doctor Nicolás Sierra, a base de bocaditos y cerveza lager Tropical. Había tanto ánimo entre los futbolistas, que eran tratados igual que si fuesen Carlos Gardel o Rosita Moreno, presentes en todas las carteleras de cine de la ciudad con la recién estrenada *El día que me quieras*, que las viandas se quedaron cortas y hubo que hacer un viaje de urgencia a la ciudad para acopio de sardinas y chorizos.

No debieron de quedar del todo satisfechos porque en el siguiente campo, La Polar, también con nombre de cerveza, hubo otro festejo culinario y *cervecil*. Allí, si cabe, la merienda entró con más ganas todavía porque Patricio Caicedo organizó un ligero entrenamiento, que comenzó más tarde de lo esperado porque a la llegada del equipo cayó una buena tormenta. El ejercicio y la ducha abrieron el apetito de futbolistas, acompañantes e invitados. Lo suyo ese día no había hecho más que empezar porque esperaba la cena de honor organizada por el

Centro Vasco en Los salones de Prado 125. Peter, al que es lógico que se le escapase alguna lágrima cuando al día siguiente vio zarpar al barco que trasladaba al Athletic camino de Veracruz, contó en su diario en qué había consistido el menú: *cocktail* havana club (otro más para el coleto), entremés variado, langosta vinagreta, chilindrón de cordero, ensalada de lechuga y rábanos y *tortoni*, que para ampliar aromas y sabores estaba aromatizado con Jerez. La carta no anunciaba agua, pero sí cervezas La Polar y Tropical, además de vino Ederra. La cena concluyó con café y tabacos para los que gustasen. ¿Entienden por qué Peter habría estado encantado en que los leones considerasen la opción de quedarse dos o tres días más?

No sería de extrañar que a Peter se le escapasen unas lágrimas cuando al día siguiente fue al puerto a despedir al Iberia. En la noticia que firmó respecto al viaje del Athletic advirtió de la posibilidad de que los leones hiciesen una escala más larga en la vuelta para jugar algún partido en la isla. Lo constataba a partir de unas palabras de William Campbell, representante de la FIFA, con el que también había compartido aperitivos, merienda y cena. No hubo segunda vuelta.

Rossi y el papel de plata

¿Sabía que hay récords que van más allá de los partidos oficiales? Así es. Y el Athletic tiene uno de ellos. El 18 de febrero de 1993 rompió la inmaculada racha del AC Milan, campeón de Europa de 1989 y 1990 que en 1993 fue subcampeón y que al año siguiente repitió título. El *rossonero* era un equipo de récord. Le iba tan bien que contaba los partidos que llevaba invicto. Sumaba 55 y la suya era la mejor marca del momento en Europa. Lo entrenaba Fabio Capello, poderoso técnico que había heredado un gran equipo de Arrigo Sacchi, quien había cambiado Il Duomo di Milano por la selección transalpina. Ese Milan de la 92-93 llegó invicto a un amistoso en San Mamés que la afición lo vivió como si fuera un choque de alcurnia. En realidad, sí lo era. El Athletic llevaba sin jugar competición continental desde la temporada 88-89 —superó al AEK y cayó con la Juventus— y encuentros de esas características reunían muchísimo público en La Catedral. Hubo que apañárselas para conseguir una entrada… lo dice uno que tuvo la oportunidad de ver aquel partido desde el fondo en el que Rossi encajó dos goles.

El Milan dobló rodilla en San Mamés. Esa temporada solo le ganaron cuatro equipos. Juventus y Parma en la Serie A; el Athletic en el amistoso de San Mamés y el Olympique de Marsella en la final de la Copa de Europa. La cuenta la abrió el Athletic en La Catedral, la siguieron Parma (21 de marzo) y Juventus (18 de abril) en San Siro y la culminó el OM en la final de Copa de Europa en Múnich el 26 de mayo. Los milanistas se acuerdan de aquello porque peleaban todos los amistosos… y porque uno de los goles se debió a un maléfico rebote en una bola de papel de aluminio para envolver bocadillos que desvió un balón cedido sin riesgo por Baresi y ante el que nada pudo hacer Rossi. Fue en el minuto 90, cuando el equipo que entrenaba Capello estaba lanzado a degüello por el empate. El que pretendían fuera su partido 56 sin perder terminó 2-0 para el Athletic. El Milan no perdía desde el 14 de abril de 1992.

El partido fue de lo más intenso que se supone puede ser un amistoso. El escenario lo aconsejaba. Heycnkes y Capello se lo jugaron a fuego. El alemán hizo casi dos equipos porque utilizó 20 jugadores. Solo Mendiguren, que había sido expulsado en el último encuentro de liga ante el Rayo, y Eskurza completaron los 90 minutos. El esfuerzo fue brutal y en la jornada de liga siguiente, tres días después del amistoso con el Milan, Eskurza fue titular y relevado en el descanso.

La rotación de Heycnkes no fue con Capello, que durante la cita de San Mamés apenas hizo un par de cambios. El técnico italiano no pudo contar ese día con Van Basten, Maldini, Gullit, Papi y Rijkaard, así que al ver que la batalla era dura

Los jugadores del Athletic celebran el triunfo ante el Milan
mientras en primer plano aparece abatido Baresi.

hizo por plantar cara y el mayor tiempo posible con Boban, Donadoni o Baresi, que eran insignias de la entidad. Con el marcador todavía sin movimiento decidió meter en el campo a Aldo Serena, que estaba en el curso de despedida. No fue el año del exinternacional, que intervino solo en tres partidos y dos fueron derrotas. La de San Mamés y la que se dio después en liga con el Parma.

En un San Mamés vestido de noche grande el Athletic, que en su último partido oficial había perdido ante el Rayo en Vallecas con un gol de Polster de penalti a pocos minutos del final, se tomó el encuentro como si valiese puntos. Vaya si lo valía. La derrota del Milan corrió por toda Europa asociada al nombre del Athletic como su verdugo. Que hubiese perdido el fin de semana anterior ante el Rayo era una anécdota. Peor fue que los leones también cayeron en sus dos siguientes apariciones ligueras. Frente al Celta en San Mamés (0-1) y contra el Sevilla de visitantes (3-1). Después de haber ganado al maravilloso Milan fue difícil de asimilar esas derrotas.

San Mamés, 18 de febrero de 1993
Athletic: Kike (Valencia, 46'), Tabuenka (Lakabeg, 46'), Alkorta (Andrinua, 46'), Asier (Ripodas, 46'), Larrazabal (Ayarza, 46'), Estibariz (Valverde, 65'), Garitano (Carlos García, 46'), Guerrero (Urrutia, 46'), Mendiguren, Eskurza y Luke (Ziganda, 65').
Entrenador: Jupp Heynckes.
AC Milan: Rossi, Eranio, Baresi, Nava, Gambaro, De Napoli, Massaro, Boban, Elber (Finetti, 72' y Serena, 84'), Donadoni y Simone.
Entrenador: Fabio Capello.

Goles: 1-0 87' Carlos García; 2-0 90' Baresi, propia puerta
Árbitro: Severo González Lekue (comité vizcaíno)

El partido lo decidieron dos goles en un suspiro. El primero fue de Carlos García tras un buen centro de Mendiguren y el segundo quedará como de Baresi en propia puerta, pero merece la pena buscar el resumen en vídeo del partido para observar el tanto al detalle: la cesión con la que Baresi perseguía que Rossi golpeara en largo tuvo embrujo tras golpear en una bola de papel de aluminio y desviarse lo justo para que el portero diese una patada al aire y el balón entrase en la portería.

Quizá, si no tuvo oportunidad de vivir aquellos años, se pregunte que hacía una bola de papel de aluminio en el campo. Era habitual que las hubiese en los partidos nocturnos, como el de aquel 18 de febrero de 1993, que para poner en valor hay que decir que también se transmitió por televisión. Las había porque lo más normal entre los aficionados que cenaban un bocadillo en el descanso era apretar el envoltorio, convertirlo casi en canica y lanzarlo al césped. Los jardineros que cuidaban el campo retiraban los que podían antes de que se reanudase el encuentro y los jugadores también lanzaban las bolas detrás de la portería, pero ese día una de las pocas que quedó en el césped fue decisiva.

El papel de aluminio restó mérito al fabuloso zapatazo de Carlos García, que podía haber quedado como único y triunfal goleador de la noche. En una temporada sin torneos oficiales que disputar contra equipos europeos a Carlos García le iba lo de marcar ante rivales potentes en San Mamés. También lo había hecho en el partido de presentación de la temporada el 18 de agosto de 1992, cuando el Athletic se impuso al Bayern Múnich (1-0). Sin jugar UEFA el Athletic cerró la campaña ganando en su campo a Bayern y Milan, que fue un buen recuerdo y aperitivo para lo que vendría después.

Newcastle, segunda casa

Las citas imborrables, esas que quedan tatuadas para siempre en el corazón del hincha, no siempre tienen que ver con partidos en los que se pone en juego un título o las celebraciones que vienen después.

Tan bueno puede ser una salida a Soria para jugar en invierno en liga ante el Numancia que un cruce de fase de grupos en Oporto. Seguro que cada uno de esos encuentros dice algo a más de un aficionado..., pero si hay una eliminatoria con luz especial alrededor de miles de hinchas es la que midió al Athletic con el Newcastle en la segunda ronda de la Copa de la UEFA entre octubre y noviembre de 1994.

Lo de jugar en Europa no era cosa de todos los días y aquel duelo tuvo magia. También para las urracas. Robert Lee, insigne futbolista del Newcastle, vivió en el campo la eliminatoria y años después, cuando el club le ofreció un partido testimonial por su décimo aniversario en la primera plantilla —los clubes británicos son muy de tradiciones— Lee eligió enfrentarse al Athletic en St. James Park en recuerdo de la vieja eliminatoria de 1994. Entonces, en pleno verano, Newcastle era la ciudad elegida por miles de británicos para despedidas de solteros y solteras ... pero eso es otra historia que nada tiene que ver con lo del 94.

Cabe detallar que lo de jugar competición europea no era entonces cosa de todos los días. Muchos de los aficionados que años más tarde se dejaron ver como visitantes en el trayecto al subcampeonato de la Europa League con Bielsa, en la aventura en Champions con Valverde, que también estuvo al frente del equipo en varias fases de Europa League, o en la victoria de los leones de Ziganda ante el Spartak en Moscú, disfrutaron en 1994 de su primera experiencia continental. Y eso, claro está, marca. El debut fue ante el Anorthosis, que era un rival alejado de lo que se podía considerar un viaje cómodo, y el Athletic pasó adelante con más agobios de lo esperado. El siguiente sorteo emparejó al equipo de Jabo Irureta con el Newcastle de Kevin Keegan, que era líder de la Premier, estableciendo el orden de los partidos de la siguiente manera: 18 de octubre en St.James Park y 1 de noviembre en San Mamés.

La ida constató que se trataba de una eliminatoria de las elegidas para el recuerdo de los aficionados. Hubo una alta representación de aficionados del Athletic en las gradas de Newcastle en un tiempo en el que los vuelos chárter no estaban al orden del día. Así que en las reuniones de amigos todavía hay quien levanta ufano el dedo para decir que él fue a Newcastle en autobús desde Bilbao. Lo pintará como algo maravilloso, que aunque lo fue ya se sabe que el tiempo y la idealización lo hacen todo más bonito, pero seguro que no cuenta que sin cumplirse la hora del partido estaba maldiciendo el haber estado allí y, todavía más, reprochándose el tener que volver a pegarse una paliza para volver a casa en dos días de carretera.

Ziganda consiguió con este remate el gol que clasificó al Athletic.

Y es que en el minuto 57 el Newcastle pasaba por encima del Athletic. Fox, Beardsley y Cole habían marcado para los blanquinegros. Cole bailaba sobre las aguas y dañaba al centro del campo y la defensa rojiblanca. Cumplía su segunda campaña en Newcastle y ese verano fichó por el Manchester United. Tenía pinta de jugadorazo. Años después el Athletic y él volvieron a tener caminos paralelos: los leones trabajaban con Heynckes en su *stage* de concentración en los alrededores de la localidad británica de Prestbury y el delantero aprovechaba las noches para moverse a lo grande en un club de baile de la ciudad.

Regresemos al 18 de octubre de 1994 en el St James Park. En el minuto 68 Irureta hizo su primer cambio. Metió en el campo a Suances, delantero, en lugar de Tabuenca, defensa. El getxotarra revolucionó el partido y se convirtió en kriptonita para el Newcastle. Cuatro minutos después Ziganda hizo el 3-1 y en el minuto 80 fue Suances el que firmó el 3-2. «Fue breve, pero para siempre», destacó Suances en redes sociales en un reciente aniversario de aquella eliminatoria. La película tuvo un cambio de guion tan brusco que la siguiente sustitución (Corino por Estibariz) fue defensiva. Llegar a Bilbao con un gol de desventaja era una bendición después de lo visto sobre el campo en la primera hora de juego.

La vuelta, el 1 de noviembre de 1994, también fue televisada, lo que supuso una alegría para todos los aficionados que no tenían oportunidad de entrar en un San Mamés que estaba a rebosar. El Newcastle llegó acompañado de un millar de seguidores. ¡Qué vienen los ingleses! El miedo al desmadre de la *toorn army* se desvaneció al poco de cruzarse con ellos en cualquier lugar con forma de bar. La mezcla de colores fue espectacular. Se cambiaron camisetas, banderines, banderas, bufandas…

Las dos hinchadas confraternizaron durante toda la jornada y las ganas de jolgorio pudieron más que el miedo a un desencuentro. La sintonía fue tal que, al término del partido, con el Newcastle eliminado, cientos de hinchas del Athletic, que habían saltado al campo para festejar la victoria, cantaron al Newcastle a los pies de los aficionados de las urracas, que devolvieron la hermandad gritando: Athletic, Athletic.

El líder de la Premier dobló la rodilla en el viejo San Mamés porque los leones, que ese día vistieron de azul, ganaron 1-0 y pasaron de ronda por el valor doble de los goles obtenidos en campo contrario. El azul de la camiseta utilizada ante el Newcastle debería tener presencia en las equipaciones de reserva de todas las temporadas. Magnético. Ganaron los leones con un gol de Ziganda a pase de Alkiza. «¡Cuco, Cuco! ¡Cuco, Cuco!». «No creo que sea mi gol más importante, pero sí el que la gente más recuerda. Siempre seré el del gol al Newcastle», define el ahora entrenador. Todos los veinteañeros de entonces le agradecen la noche.

Manchester Pozas United

Carrington, el centro de entrenamiento del Manchester United, tiene aire de fortaleza. Un muro de seguridad rodea las instalaciones, detrás aparece una barrera natural dibujada a partir de centenares de árboles y, además de todo, los encargados de la seguridad del club patrullan los accesos para que no haya ojos curioseando qué es lo que ocurre en los entrenamientos del United.

La victoria del Athletic en Old Trafford también se dio en Carrington.

El 7 de marzo de 2012, un día antes del comienzo de la eliminatoria de Europa League que terminaría con el Athletic en la final, una hilera de coches guarda turno para entrar en el complejo de entrenamiento para seguir los 15 minutos de sesión abierta al público del United y luego, a mucha distancia del campo, atender la rueda de prensa de Alex Ferguson. Todos los periodistas desplazados desde Bilbao para cubrir el partido hacen cola mientras buscan una acreditación que constate su trabajo. Y en mitad de esa espera, después de un primer control de seguridad, unos nudillos golpean la ventanilla de su coche. Al otro lado, Luca Marcogiuseppe, uno de los ayudantes de campo de Bielsa con el que era habitual saludarse en Lezama porque era el primero que salía al campo y el último que se iba. «Hacedme un favor. Decid a la seguridad que vengo con vos, que trabajo con vos», espetó con indisimulado nerviosismo.

Luca entró en Carrington como periodista. Avezado, sigiloso, intrépido, constante, Luca estaba allí para trabajar. «Marcelo lo quiere todo», aseguró. Seguí aquellos 15 minutos de sesión preparatoria al lado de Luca, que era una máquina de información: te advertía de que algunos jugadores habían cambiado su dorsal habitual, quizá para despistar en las fotografías, añadía que la agrupación de rondos era distinta a la que habían hecho una semana antes o especificaba que por el tipo de trabajo un determinado futbolista podía tener más o menos molestias. Toda esa información se la llevó de vuelta al hotel de concentración del Athletic en Manchester. Regresó a la ciudad como llegó a Carrington. Sin ser visto.

El Athletic empezó a ganar la batalla en las vísperas. El día del sorteo los futbolistas quedaron encantados del cruce, de la experiencia en Old Trafford, de vivir una eliminatoria en el corazón futbolístico de Inglaterra, de contar con miles de aficionados en las calles y en las gradas…

Aquello duró un suspiro porque en cuanto empezaron a hablar del partido Bielsa les dejó claro que si estaban en ello era para ganar y no para coleccionar camisetas. Trabajaron los detalles con máxima insistencia. Incluso el día del encuentro

Los aficionados del Athletic abarrotaron la calle
Pozas en las horas previas al partido.

tuvieron un entrenamiento de casi 90 minutos a gran ritmo por la mañana. Lo de Old Trafford fue la culminación a una obra ejecutada a conciencia. Esos 90 minutos ante el United hicieron que todo fuera perfecto.

El último cruce con el Manchester en competición oficial es uno de esos enfrentamientos que tardarán en olvidarse... para los que allí estuvieron, que fueron alrededor de 8000, y para los que lo vivieron en los bares de sus localidades de origen y en sus domicilios particulares. Y fue especialmente duro para los que estuvieron a punto de viajar... y decidieron dejarlo para la siguiente. Hubo siguientes, sí, pero lo de Manchester se convirtió en icónico. La ciudad norteña fue un apéndice de Bilbao, una extensión del camino de Licenciado Poza hacia el escudo de San Mamés, aunque en la ruta hacia Old Trafford todos los viajeros, la mayoría llegados en vuelos chárter, llevaban los ojos bien abiertos y escudriñando detalles que para cada uno de ellos eran novedosos.

The Old Wellington es un pub de tradición en Cathedral Gates. La plaza que lo precede fue centro de reunión de 5000 aficionados a punto de dar las 11 horas, que es cuando el parroquiano, diariamente, levanta la persiana. Cánticos, banderas y bufandas rojiblancas jaleaban aquella mañana en la que la recomendación policial era mantenerse discretos. La policía británica entendió que no había problema y las parejas de la policía de Greater Manchester distribuidas por la zona no hacían más que admirar lo que veían. Ningún problema en el centro de la ciudad ni en las cercanías de Old Trafford, donde había advertencia de máximo cuidado por ser terreno de los más radicales del Manchester. Sin pega. Los fans de los *red devils* veían el partido como uno más y con un punto de condescendencia hacia la curiosa tropa que había tomado un estadio que estuvo lejos de una gran entrada.

El festejo en rojiblanco, que había arrancado la víspera cuando todavía el rojo ladrillo de Manchester no daba muestra alguna de que había un partido de Europa Legue, se extendió un par de jornadas más entre los seguidores del Athletic que, por distintas circunstancias, residían en Manchester y sus alrededores. Estudiantes, cocineros, enfermeros... y entrenadores de fútbol colocaron la bandera del Athletic en su ventana. Eso hizo Iñaki Bergara, entonces asistente de Roberto Martínez en el Wigan y ahora todavía en el cuerpo técnico del catalán en la selección de Bélgica. Bergara, con pasado en Lezama, residía en Manchester y la suerte quiso que el Athletic se alojase en su misma calle. Una de las hijas de Iñaki tuvo claro que no había mejor bienvenida que colocar la bandera del Athletic en la ventana más cercana al hotel. Y allí siguió un par de días más.

Viena tiene sus cosas, nunca falla

Los duelos con el Manchester United, el de los 11 aldeanos y el de los Bielsa boys, quedan como referencias en la carrera continental del Athletic por el significado que tuvieron ambas eliminatorias. Los enfrentamientos con el Austria de Viena también merecen una condición especial en el recuerdo de la extensa trayectoria UEFA del Athletic. En el caso de los enfrentamientos con los austriacos hay que detenerse en la curiosidad de las visitas a la vieja Viena en 2005 y 2009. La primera vez con Valverde como técnico y Lamikiz de presidente y la segunda con Caparrós en la dirección de banquillo de un club que tenía a García Macua como presidente. Las vivencias son de las que no se olvidan.

Vayamos por partes. En febrero de 2005 el Athletic viajó a Viena para afrontar la ida de los dieciseisavos de final de UEFA. El envite creó gran expectación entre los aficionados rojiblancos y hubo alrededor de 2000 expedicionarios para un partido fijado el 16 de febrero en El Prater. El equipo viajó de víspera, igual que la mayoría de aficionados. Dos periodistas entonces en *El Correo* —redactor y fotógrafo— adelantaron camino. Volaron un día antes para preparar reportajes alrededor del encuentro. Hubo una entrevista con Senekowitsch, que además de entrenador del Athletic había sido seleccionador austriaco, y en la misma el técnico propuso a los periodistas visitar El Prater, que era el escenario del partido. El trayecto desde el centro hasta el estadio se hizo bajo una copiosa nevada, nada que perturbase el pilotar de Seneca, que llevaba ruedas de invierno y manejaba un vehículo de alta gama.

El Prater estaba cerrado, nada que cogiese de sorpresa a los 'turistas', pero Senekowitsch no aflojó su interés. Visitó las oficinas que allí tenía la Federación de Austria y en menos de un cuarto de hora el periodista y el fotógrafo estaban pisando un campo nevado, con varias zonas heladas, en el que al día siguiente debía jugarse un partido oficial. «No creo que se juegue», lanzó Seneca. Las caras de sorpresa de los que le escuchaban fueron todo lo que encontró por respuesta. No quedó ahí. El exentrenador del Athletic llamó al jardinero, al que conocía por el nombre, y le pidió que diera su opinión al respecto. Lo hizo en alemán, con Senekowitsch de traductor. Insistía en que la nieve ya no era problema, pero sí lo era el frío. Las zonas heladas, por mucho que lo trabajasen, seguirían heladas. O cambiaba la hora del partido o se jugaba al hockey. Y fue explícito cuando cogió un destornillador para intentar clavarlo en la hierba. Imposible.

El diario abrió edición al día siguiente con la posible suspensión. La noticia cayó a plomo mientras un grupo de directivos y periodistas caminaban por una de esas bonitas calles que llevan hacia el Palacio Hofburg. Alguno de esos directivos todavía estará arrepentido del comentario que hizo cuando se enteró de la publicación. Era de esos que todo lo saben (eso se cree, claro) y no pudo ser más desafortunado. 8 horas después de aquel paseo de media mañana el partido se suspendió. El árbitro, un israelí que aguantó hasta el último momento para tomar la decisión, mandó a todos a casa porque el hielo hacía imposible el encuentro. El Austria intentó jugar de cualquier manera, pero el Athletic se resistió. Era imposible poder hacerlo en condiciones. El periodista que la víspera había visto la jugada del jardinero le transmitió el episodio a uno de los integrantes del cuerpo técnico de Valverde, que ya lo hizo correr entre los que debían tomar la decisión. Y el árbitro pidió que se hiciera la prueba del destornillador. No se clavó y no hubo partido. ¿El directivo quejoso de la publicación? Hoy en día sigue dudando de todo. Por cierto, el Athletic perdió aquella eliminatoria.

Volvieron los leones a Viena en 2009. También para disputar competición UEFA, pero esta vez en la modalidad de fase de grupos de Europa League. Fue un partido que cambió la nieve por el calor ambiental. Vergonzoso. En vez de en El Prater se jugó en el Franz Horr Stadion, en el que de víspera no hubo ningún problema para entrar porque alejado de la ciudad tenía más puertas abiertas que El Prater. Entró hasta un amigo del que esto escribe. Habíamos quedado en Viena antes de la rueda de prensa y los dos nos encontramos junto al banderín de un córner, entrando por distintas puertas y sin nadie que nos diera el alto.

Se ve que lo de entrar por cualquier sitio estaba más que aceptado. El encuentro se jugó el 3 de diciembre de 2009 y se fue más allá de los 90 minutos. En un momento del partido los integrantes de la grada ultra decidieron que lo suyo era entrar a protestar al campo. Abrieron una de las puertas que separaba la grada vallada del campo y allí se metieron, ante la permisividad de los *stewards*, que entendieron que para su seguridad era más aconsejable que se encargase la policía. Los uniformados con armas tardaron un buen rato en poner orden. El espectáculo fue bochornoso con los ultras ondeando banderas españolas preconstitucionales, blandiendo bengalas y profiriendo gritos fascistas. Sacaron a unos cuantos del estadio, pero a la gran mayoría les devolvieron a la grada y les permitieron seguir allí como si nada. Por cierto, ganó el Athletic con claridad. Uno de los goles fue de Mikel San José, que volvía al equipo después de tres meses sin jugar y ya no se bajó del once en toda una temporada que tuvo a Caparrós como técnico. La mañana del partido el presidente Fernando García Macua compareció en el hotel de concentración del Athletic para hablar de la renovación de Iker Muniain, que había debutado con solo 16 años y del que dijo que sabía había varios equipos detrás de su contratación. «Su renovación supone consolidar la política de conformar una plantilla joven y competitiva», comentó el presidente sobre el acuerdo con Muniain.

El Athletic femenino

Vanguardia y tradición van de la mano en el Athletic. Curioso y cierto.

Un club centenario y de matices inveterados en su estructura fue de los primeros en entender que el fútbol no tiene género y se maneja por igual entre hombres y mujeres. La camiseta rojiblanca ha sido señera en el impulso del fútbol femenino.

Igual de curioso y cierto es que determinados gestores de la propia institución pusieran palos en las ruedas a la candidatura de una de las suyas, la exportera internacional Ainhoa Tirapu, a la dirección de la liga profesional.

Son cosas que pasan alrededor de un Athletic que nunca deja a nadie indiferente. Lo de la traba a la candidatura que tenía como líder compartida a Ainhoa Tirapu se dio 20 años después de que el fútbol femenino entrase en la puerta de Ibaigane y se granjease un caldo de simpatía en todos los rincones.

San Mamés batió el récord de asistencia en un partido femenino con 48.121 aficionados en las gradas.

El Athletic femenino vio la luz en 2002, que fue cuando el club incorporó la estructura del Leioa FT, un club pionero en eso de competir en la incipiente Superliga. El club rojiblanco, en esa primera fase entrenado por Iñigo Juaristi, entró con buen pie en un campeonato que hacía por desperezarse ante el grueso de los aficionados. Era cosa de pocos y muy identificados.

El gran público le daba la espalda incluso con frases denigrantes del tipo a «ni es fútbol, ni es femenino». Los que así pensaban terminaron entrando en razón y dando oportunidad a una sección femenina. Fue incluso así en un club estandarte de la Liga en el que su presidente había dejado rastro de acentuada misoginia incluso en encuentros de directivas previos a partidos de fútbol femenino. Afortunadamente, el susodicho nada tuvo que ver con el Athletic, aunque fuese alguien del club el que en uno de esos almuerzos le pusiera en su sitio.

El femenino vistió traje de ganador bien pronto. Entre 2002 y 2007 ganaron cuatro títulos de liga, tres de ellos de forma consecutiva, convirtiendo San Mamés en un escenario idílico para el fútbol femenino. En la temporada del debut, que abrocharon con el trofeo, el último partido de liga en San Mamés reunió a 35.000 aficionados, récord absoluto para la época.

Eli Ibarra, Iraia, Nerea Onaindia o Eba Ferreira fueron los primeros nombres de futbolistas de trascendencia en un Athletic en el que los aficionados comenzaban a poner caras a las jugadoras, se interesaban por los resultados de cada semana y elucubraban con lo que podía ocurrir con el paso de las jornadas.

En los tiempos de esas ligas consecutivas se discutió incluso sobre la posibilidad de que las campeonas surcaran la ría en la gabarra de los campeones, algo que no se hizo. De lo que sí disfrutaron fue de recibimientos en ayuntamiento y diputación, reuniendo miles de hinchas bajo las dos balconadas.

Pasado el tiempo de esos triunfos de increíble naturalidad por hasta parecer cotidianos el Athletic, que no ha hecho más que empezar a escribir su historia en el fútbol femenino, pasó por una vaguada de resultados sin triunfos hasta que en el curso 2015-16 el equipo repitió campeonato. Lo ganaron en diferido, venciendo en su último partido de liga un sábado y esperando hasta el mediodía siguiente el resultado del Barcelona, que era su rival. Perdieron las azulgrana y el Athletic regresó a lo alto de la clasificación, iniciando celebración esa mediodía en la plaza del Ayuntamiento de Lezama. Entonces la dirección de banquillo era para Joseba Aguirre, exleón con pasado como entrenador en categorías inferiores femeninas que tiempo más tarde se ocupó de la dirección deportiva de la sección. Aguirre tuvo a su lado a Bingen Arostegi, técnico de dilatada experiencia en fútbol masculino en Lezama y que después fue asistente de Ziganda en el primer equipo y en el Oviedo antes de volver a la institución en la Liga 2022-23 para ocuparse del Bilbao Athletic.

El título de la primavera de 2016 fue el último que levantó un Athletic que se mueve en los mismos parámetros que acompañaron al masculino décadas atrás, todavía sin darse el cambio de siglo. El equipo que se nutre de futbolistas vascas o formadas en las canteras vascas siente la amenaza de una liga en la que el 31% de las jugadoras son extranjeras.

Igual que en el fútbol masculino, el Athletic puede presumir de haber vivido siempre en la máxima categoría, que desde su fundación en 2002 es algo que solo ha compartido con el Levante, y de liderar la nómina de clubes de indudable éxito en la sección masculina que abrieron rápido la vía de la incorporación de las mujeres a su estructura deportiva. En esa lucha de derechos que se ha trasladado también a los convenios colectivos y la profesionalización, club y jugadoras han estado siempre en un espacio destacado. Dando la cara.

Regalo de botas, amistosos de cadetes y la filosofía asimilada

El 125 aniversario de la fundación del club no alcanza todavía a los primeros 25 años del equipo femenino, que sin duda es una estructura que ha crecido a una extraordinaria velocidad. Lo ha hecho en instalaciones, medios y dedicación, tanto de futbolistas como de técnicos y auxiliares. No siempre ha sido así.

Hubo un tiempo, no muy lejano, en el que las diferencias eran abismales. ¡Hasta en las botas! Durante mucho tiempo ha habido futbolistas que han tenido como herramientas de trabajo el calzado que les cedían futbolistas de la primera plantilla, con contratos de patrocinio a los que nos podían llegar las jugadoras. Ni siquiera se valoraba el *win-win* de mostrar una marca a cambio de que la firma cediese botas. No era necesario pagar nada más. Pero lo de los patrocinios tardó un mundo en llegar. Tanto que era habitual que leones de larga tradición en el club fueran suministradores de botas para las chicas del femenino. Los regalos de botas fueron más que detalles porque implicaron a jugadores de la primera plantilla masculina con el incipiente equipo femenino, al que el club ya ha incorporado en el día a día de la entidad. Era curioso ver cómo jugadores con un cierto recorrido, pero sin cartel internacional proporcionaban material a futbolistas que sí disfrutaban de la internacionalidad.

Los inicios fueron complicados. Y eso que el Athletic ha sido uno de los destacados a la hora de minimizar las diferencias entre uno y otro equipo. Lo que no se hacía por decisión propia se conseguía a partir de la presión que ejercían las jugadoras, que para meter la cabeza y salir en la foto también se han desgastado lo suyo.

Que no crea nadie que en el club les abrieron siempre la puerta a todo lo que querían. Costó, claro que costó, pero las dos partes acertaron al convenir que lo mejor era ir creciendo juntos y no a golpe de presión.

¿O es que los viajes en avión, disponer de un autocar propio o incorporarse al programa de nutrición, entre otras cosas, se produjeron por generación espontánea?

Por el camino también hubo críticas y señales de que la línea no siempre era recta. Así, en algunas temporadas trascendió que en el tiempo de preparación previo al inicio del campeonato el primer equipo femenino se probaba en un amistoso con uno de los cadetes masculinos del Athletic en Lezama. Las mismas voces que lo contaban añadían que la victoria era para el cadete y que, de remate, lo hacían por goleada.

El empujón definitivo para colocar al equipo femenino en un escalón preferencial se dio en enero de 2019, cuando el nuevo San Mamés acogió un Athletic-Atlético de Copa.

Hubo 48.121 espectadores en el campo, cifra que mejoraba cualquier entrada del masculino ese año y que convertía al club rojiblanco en líder absoluto en asistencia a un partido femenino en Europa, por encima del registro de un Chelsea-Arsenal.

Un par de meses después la cifra la mejoró el Atlético y más tarde fue arrasada por el Barcelona en duelos de Champions. La Catedral tuvo un ambiente festivo que aplacó el resquemor que siempre tienen las derrotas (0-2). El Athletic ganó para su masa social, que no dinero porque la recaudación fue anecdótica con reparto de grandes paquetes de invitaciones entre clubes de cantera de la provincia y otros colectivos.

La mayor agitación en el plan del femenino se produjo fuera del campo. En 2019 el Athletic fichó a Bibian Schulze Solano, alemana de Frankfurt, de padre alemán y madre vasca. Su madre, Mara Solano Belaustegigoitia, es nieta de Pacho Belaustegigoitia, el mítico Belauste. Bibiane nació en Alemania y allí ascendió peldaños hasta debutar en el Frankfurt.

Eso sí, estuvo empadronada en Ispaster, donde pasaba largas temporadas porque la familia residía por temporadas en País Vasco. El fichaje de Bibiane, que en el Athletic comenzó en el filial para luego, quizá con ánimo de aplacar el ruido, salió cedida al Valencia, agitó con fuerza las razones de la filosofía rojiblanca.

Y también se aprovechó para golpear con fuerza a Aitor Elizegi, que fue el presidente bajo cuyo mandato se contrató a la futbolista. «Entiendo el debate que nos haga más fuertes, no el que nos haga más débiles. Abrir el debate cuando no lo hay es algo artificial. Bibiane es una persona que merece todos los parabienes para llevar el escudo del Athletic. Se lo ha ganado. No hay más que escuchar a su familia, a su entorno, a ella. Perder a estas personas en el camino nos hace más pequeños, nos hace más débiles. El fichaje de Bibiane se encaja solo. Encaja su familia, su trayectoria, su conocimiento del Athletic, su respeto a este escudo», defendió el entonces presidente.

El estímulo del Genuine

El balón como instrumento de un proyecto social. Qué mejor herramienta podría tener el fútbol. El Athletic también lo ha entendido así a partir de la iniciativa Genuine, que vincula todavía más al club con el entorno. El Athletic pasa por ser un elemento de cohesión en el que no hay cabida para distingos por política o sexo, que son cuestiones que a menudo se mueven hacia la crispación cuando las opiniones se mueven en distintas vías, y en ese trayecto no podía faltar la integración. Desde 2013, a partir de una iniciativa de la Fundación Athletic, el club trabaja en el ámbito deportivo con distintos grupos de personas con discapacidad intelectual. Primero lo hicieron los viernes en Zorroza y después llegaron las sesiones de entrenamiento en Lezama, sobre todo desde que en 2017 LaLiga instauró la Liga Genuine, que es una competición creada para la «normalización de la práctica del fútbol en el colectivo de personas con discapacidad intelectual a partir del compromiso del fútbol profesional con este proyecto integrador y socialmente responsable».

El club dio un paso adelante en la puesta en marcha de un torneo que LaLiga adoptó desde la primera inquietud trasladada por el Nastic, que llevaba tiempo vinculado a proyectos sociales. El Athletic se ha convertido en uno de los clásicos de un campeonato que ya ha tenido a Lezama como una de sus sedes y en el que hay una reconocida aspiración de que en un tiempo cercano el Genuine pueda disputar alguno de sus partidos en San Mamés. Quizá en eso el Athletic se convierta también en uno de los clubes pioneros. El proyecto Genuine es uno de los alrededor de 30 programas sociales que desarrolla la Fundación Athletic, la inmensa mayoría de ellos dirigidos a personas y colectivos desfavorecidos, contando con la colaboración de asociaciones de largo recorrido en territorio vizcaíno.

La entidad rojiblanca destina un apartado a la plantilla y partidos del Genuine en su página web con el mismo interés en datos que aplica a los principales equipos del club. En ese camino colaboran las asociaciones Adizmi, Fundación Síndrome de Down, Gaude, Geu Be, Gorabide y Haszten. Además de los entrenamientos de la plantilla Genuine, los técnicos de la Fundación Athletic se desplazan semanalmente a Gallarta y Durango para realizar sesiones de entrenamiento de fútbol y multideporte con los usuarios de las asociaciones Adizmi y Geu Be.

Los caminos convergen también con los primeros equipos masculino y femenino, con los que los integrantes del Genuine, que forman plantillas mixtas y de distintas edades, han coincidido en más de una oportunidad en Lezama. Los técnicos más veteranos tienen bien presente cuando en 2018, pocos días antes de viajar a una de las competiciones del cierre de campaña, Aduriz, Sabin Merino, Ainhoa Tirapu y Damaris Egurrola se acercaron al campo 7 para participar en una sesión de entrenamiento y echar unos rondos con los Genuine.

Los jugadores del Athletic Genuine hacen
el pasillo antes de un torneo en Lezama.

LaLiga ha reconocido el trabajo del Athletic y en junio de 2022, tras la disputa del torneo llevado a cabo en Lezama, los técnicos y trabajadores que impulsan la competición, con el presidente Javier Tebas al frente, homenajearon a Esteban Feijoó, entrenador del equipo Athletic Genuine desde 2013 hasta esa última competición, que fue la de su jubilación en los banquillos. El reconocimiento provocó la misma emoción en la grada, donde el Athletic presume de tener la primera peña dedicada a un equipo Genuine en LaLiga. La Peña Genuine está instaurada como tal desde 2019 y se destaca por seguir al equipo en todos sus torneos, con la particularidad de que forma parte de un entramado en el que no hay colores. Los peñistas animan por igual a todos los equipos y los rivales del Athletic disfrutan cuando les toca enfrentarse a los leones del Genuine por eso de que van a tener a toda una grada de animación detrás, cantando sus goles.

El socio y la familia

El Athletic entró en la temporada 22-23 con Juan Antonio Virumbrales como socio número 1 de la entidad.

Es distinguido miembro del club por derecho, que por algo es socio desde 1939. Disfrutó por vez primera en el campo de la mano de su padre, que aguantó en la membresía del club rojiblanco hasta cumplir los 86 años de edad, que es cuando las dificultades para ver las dos porterías le recomendaron renunciar a su condición.

El apellido Virumbrales se perpetúa en la sociedad Athletic por tradición familiar. Igual que en muchísimos de los 44.000 socios que tiene registrados el club. Forma parte de la esencia de las familias.

El Athletic es de dentro y se transmite con naturalidad. Lo contó claro y bien Galder Reguera, escritor y responsable de proyecto de la Fundación Athletic, en una de las entrevistas promocionales de *Hijos del fútbol* (Editorial Planeta, 2017). «Lo bueno de un partido es que lo juegas con amigos, lo bonito del estadio es acudir de la mano de alguien que quieres a la grada. A mí me llevaba mi abuelo», recordaba. El ejemplo de Reguera es habitual en muchos domicilios.

Por mucho que sea el coautor del libro no puedo evitar el orgullo de contarlo: En mi casa, en uno de mis cajones de recuerdos, está el carnet de socio del Athletic que tuvo mi bisabuelo, José de Medinabeitia, en 1928. Me lo regaló mi abuelo 80 años después. Él nunca había sido socio —la vida le deparó otros menesteres—, pero el carnet de socio de su padre era motivo de orgullo.

La expresión de Reguera al respecto entronca en el sentimiento que produce esa primera vez en San Mamés alrededor de una familia. «El domingo en San Mamés con mi abuelo era maravilloso. Para mí el Athletic y San Mamés son él. Le veo cada domingo, en la gente, en los colores, en el himno», matizaba el escritor. Todos los socios habrán experimentado alguna circunstancia similar en ese tránsito hacia el estadio. Tuve la suerte de vivir las últimas ligas ganadas en el córner de los infantiles de tribuna sur, donde cada partido era una película de emoción en la que si te atrevías un poco cruzabas la jaula y te pasaba al lado de los *malotes*, detrás de la portería. Lo vivía puntualmente con mi hermano mirando al llegar y al salir a sur alta, que es donde teníamos al socio protector: nuestro *aita* (padre).

El recorrido familiar fue origen del primer Athletic, que en el proceso que llevaba a la sociedad de la industrialización a la vanguardialización vivía impreso en la piel de las familias que lo fundaron. Hijos, hermanos, primos... la gestión y dirección del club tenía un sistema casi endogámico porque, en el fondo, el poder de decisión siempre anidaba en los mismos. Hubo apellidos que llegaron hasta el periodo entreguerras sin casi proponérselo y otros que surgieron después, con el añadido de que en ese nuevo cambio de siglo no había dirigentes por tradición y los que estaban en la directiva lo hacían por un

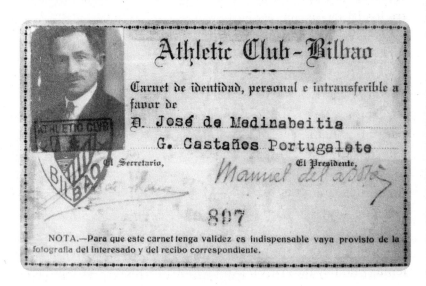

Carnet de socio de Tribuna en el año 1928.

decidido compromiso, asumiendo que sus acciones iban a quedar expuestas al juicio de los cada vez más socios que tenía el club. Eran conscientes, y mucho, de que las cuentas no solo se las sacarían los socios, que es en realidad a los que tenían que rendirlas, sino que no había alma futbolera en Bizkaia que no tuviese opinión sobre qué y quiénes hacían en el Athletic, que encima continuaba creciendo en influencia anímica y de pasión en otras latitudes.

Familias como la Guzmán, con Juan Pedro o Txomin ejerciendo cargos directivos de importancia, o la Urkijo, con Ana como primera directiva del club (1990) y en 2006 primera presidenta de un Athletic que también circunstancialmente tuvo a su padre, Rufino, como presidente en 1977, son ejemplos de que la sustancia familiar sigue diciendo mucho en el club rojiblanco. Los Egusquiza, los Prado... las familias, el Athletic.

El tejido familiar está presente en el día a día de las relaciones del Athletic y cobra visibilidad en los momentos de reconocimiento, cuando la entidad premia a los socios por sus 50 años y los más veteranos acuden acompañados de los suyos, con muchos de ellos sumando cifras de socios también en el carnet y algunos habiendo adquirido ya la escarapela del 25 aniversario. El mandato de Elizegi tuvo la curiosidad de que entre los 10 socios más antiguos aparecían los hermanos Felipe y Vicente Gómez Escudero, que cosieron su vida a la del equipo que más querían y supieron trasladarlo a las generaciones posteriores de una familia en la que sigue habiendo socios con ese apellido.

¿Cuántos socios del Athletic no tienen el carnet que fue de su padre o abuelo? Son pocos, es la herencia rojiblanca. Muchos son los que han compartido con sus mayores un espacio San Mamés en vida, pero siguen y asumen un carnet y una identidad que saben que en su caso será pasajera y recaerá con el tiempo en un hijo o una hija, en un sobrino, en la nieta a la que ha bautizado en el fútbol en La Catedral. En el Athletic se ha hecho habitual en los últimos tiempos un 'somos familia' como lema. Y no hay más razón posible porque queda claro que no es ni oportunista ni pose.

Rompecascos

¡Athleeeeeeeeeeetic! El grito más común de ánimo en San Mamés, alrededores y cualquier campo en el que juegue el equipo rojiblanco tiene dueño: Rompecascos.

Ese es el curioso nombre que recibió su autor, que de haber vivido en la época actual tendría cientos de miles de seguidores en redes sociales y participaría como estrella en todos los programas que vestidos con tinte deportivo esconden detrás otras motivaciones. Rompecascos es aficionado de bandera. Sí, porque a Rompecascos también se le veía correr con la bandera del Athletic mientras practicaba su popular grito con el resto del estadio esperando para responder: ¡Eup!

Pero, sobre todo, lo que impactaba —viene al pelo— era verle cascar botellas en su cabeza, tocada la mayoría de las veces con una *txapela* característica, cuando el Athletic marcaba un gol. «Pa los pollos», decía entonces cuando se quedaba con el cuello de la botella en la mano y el resto del casco vidrioso estaba esparcido por el suelo. No fue el fútbol su único escenario. El mítico aficionado también era devoto de los toros y no se perdía una corrida en Vista Alegre. Allí también tenía su cosa porque desde 1955 al término de cada faena lanzaba una bota con el escudo del Athletic para que bebieran los toreros. Al principio lo hacía en caída libre, luego con la bota atada a una cuerda. Rompecascos nació en 1920 y murió en 1990. La última botella que rompió en su cabeza tras una victoria del Athletic fue en 1984 después de ganar al Barcelona. «Si me sacas de Bilbao, me muero», recordó en una conversación con Ignacio Irizar.

Rompecascos era Gabriel Ortiz (1920-1990), para siempre un personaje querido y recordado en la ciudad. Y también lejos de ella. Durante años viajó para seguir al Athletic en partidos de Liga y europeos. Escogía las vacaciones en función del calendario. Decían que en casa tenía una santa. Y es que a Gabriel le iba lo de estar más tiempo fuera de casa que dentro de ella. La aureola y el cariño que le demostraban el resto de aficionados, todavía más cuando popularizó su grito y el paseo de bandera, le hacía ser deseado en cualquier lugar por el que pasaba. En su descargo podría decirse que tan majestuosa aceptación le retenía allí donde iba. Con el tiempo, lo de pasear la bandera, romper botellas en la cabeza y dar de beber a los toreros contó con una cuarta curiosidad. Gabriel tenía una infinita habilidad para partir nueces a golpe de pandero... de ese que nada tiene que ver con el espíritu musical sino del que está ligado a donde la espalda pierde su nombre.

Era un viajero empedernido siempre que por medio estuviera el Athletic. Sin cumplir los 15 años montó en un camión de pescado rumbo a Barcelona, que ese fin de semana había función doble con partidos del Erandio, en una competición de aficionados, y la final de Copa del Athletic. Gabriel estuvo en las dos, disfrutó de las victorias y cuentan que regresó a casa con la expedición del Erandio, que le hizo hueco en el autocar. Pararon en Haro a comer en una bodega, con vino también para el joven Gabriel y el amigo con el que había emprendido tan furtivo viaje.

Al llegar de regreso a casa tuvo mucho que explicar. No fue un buen día en casa de los Ortiz.

Gabriel todavía no conocía que su cabeza era resistente al vidrio de las botellas. Lo descubrió por azar, cuando cerca del puerto entró en discusión con un marinero extranjero, al que no se le ocurrió otra cosa que darle con una botella de Anís del Mono en la cabeza. La botella cascó y Gabriel, impertérrito, siguió de pie ante la sorpresa del agresor, que perdió el factor sorpresa y se llevó un cabezazo demoledor. Aquella curiosidad de romper cascos la convirtió en signo personal para festejar goles y victorias del Athletic. Quién le iba a decir ese día que en uno de tantos viajes a Madrid para acudir a un partido tuviera una 'jornada de exhibición' en la Plaza Mayor.

En la plaza de Vista Alegre, antes y después del paseíllo, coincidió con grandes maestros de la época como Manolete, Paco

Camino, Ordóñez, Paquirri o Dominguín. Del primero y el último guarda recuerdos contrapuestos. Manolete le hizo feliz al besar una bandera rojiblanca después de haber bebido de la bota que lanzaba Gabriel. Esa bota, por cierto, nunca fue a parar a manos de Dominguín, al que Rompecascos tenía vetado porque consideraba que el diestro no tenía querer por el Athletic. En cambio, le encantaba Jaime Ostos y todo porque el astigitano un día, tras echar un trago de la bota de Gabriel, ¡pidió el carnet del Athletic!

Jubilado en la Fábrica Municipal de Gas, Gabriel vivió muchos años antes de convertirse en símbolo para la afición del Athletic la desgracia de la Guerra Civil como alistado en el frente, donde recibió un balazo. Antes de la Guerra el Gabriel niño compatibilizaba sus estudios en la escuela con el reparto de *La Gaceta del Norte*, que le tenía en baile desde primera hora de la mañana. Con la jubilación y los achaques de salud lo de ver fútbol pasó a la historia. Lo hacía por televisión y siempre que jugase el Athletic, que el resto de equipos no le tenían atento delante de la tele. Eso sí, si le echaban una corrida de toros no ponía reparos, que allí no tenía colores. Salvo que torease Dominguín, claro.

Jesús, El Txapela.
Los Artaburus y otros más

El salto a la modernidad no ha olvidado a los aficionados icónicos, esos que sin haber cruzado con ellos una palabra en la vida uno cree que puede conocerlos un poco. Los conoce de San Mamés porque forman parte del espectáculo que rodea a un partido de fútbol. La globalidad y viralización de las imágenes a partir de las redes sociales los han convertido en fetiches, en personajes como aquel que se hizo popular, todavía con televisión de un solo canal y en blanco y negro, porque su loro recitaba alineaciones y animaba al Athletic.

El cambio de siglo también trajo nuevos ganchos para los aficionados en San Mamés. Uno de ellos, reconocido en cualquier lugar y varias veces reclamo para reportajes de televisión, fue Jesús Arrizabalaga, de Usansolo, que falleció en 2020 y que durante los últimos 65 años fue habitual de San Mamés con una llamativa *txapela* de color rojo adornada por insignias de peñas. La *txapela*, en su arranque, fue de color negro, pero Jesús la cambió al rojo. Tuvo tres en su vida de forofo reconocido: una pertenece a su familia, otra quedó en el museo del club y la tercera es legado para peñas.

Y sí, Jesús era uno de esos tipos que se hacen diferentes. En el viejo San Mamés veía los partidos de pie, en el foso que había entre la valla de separación del campo y la primera fila de la preferencia. Eso sí, siempre pegado al banquillo. Desde allí saludaba a entrenadores y jugadores del Athletic, a los que llamaba por su nombre y adornaba apretando los puños y lanzando su proclama de guerra: ¡Garrote!

Primero vestía camisa de mil rayas rojiblancas, luego camiseta del Athletic y más tarde lucía hasta una adaptación propia de su peña en Belmonte (Cuenca). Sí, llegó hasta Cuenca su fama y la peña del Athletic de la localidad que atraviesa la N420 y que en un cerro próximo corona el Castillo de Belmonte cosió su nombre al de Jesús.

Jesús y su *txapela* se hicieron tan populares que firmaba autógrafos y posaba para fotografías con todos los aficionados que se lo demandaban camino de San Mamés. Una de sus *txapelas* aparece documentada en el museo del Athletic y la entidad lo quiso tener presente en el lanzamiento de las camisetas de la temporada 21-22. New Balance, patrocinador técnico de los leones, organizó una puesta en escena con ambiente de salón familiar. En una de las paredes simbólicas de la estancia en la que lucían los leones estaba la *txapela* que Jesús entregó al museo.

El trabajo de animación de Jesús no quedó en San Mamés porque durante varios años también fue habitual verle por Lezama, donde acudía a los últimos entrenamientos de la semana o incluso a acompañar a peñistas que estaban de visita por Bizkaia. El proceder del Txapela era el mismo que en los días que acudía a La Catedral y al paso de cada futbolista alzaba sus brazos, cerraba los puños y gritaba ¡garrote!

Jesús, el Txapela, en uno de sus gestos característicos
de animación durante un partido.

El fallecimiento causó impresión en el club, que recurrió al Txapela como imagen de los hinchas fallecidos durante la pandemia. El Athletic, con Aitor Elizegi como presidente, decidió aprovechar el primer partido de la temporada 20-21, la primera sin Jesús Arrizabalaga en la banda, para vestir un maniquí con su camiseta, tocarlo con la *txapela* y situarlo al lado del banquillo que ocupaba. Fue su manera de recordar al conocido hincha, al tiempo que simbolizó el homenaje de la entidad a los socios y aficionados que perdieron la vida en el tiempo más duro de la pandemia del COVID-19.

San Mamés perdió a uno de sus aficionados más reconocibles, pero no el único. Cerca de Jesús ocupan su localidad los Artaburus, a los que la televisión también ha convertido en habituales de las previas. Txo, Potxolo y Morrosko, tres tipos de volumen y curiosas camisas forman parte de un tremendo cuadro barroco que cada fin de semana se mezcla en San Mamés. En otro asiento diferente, un integrante de Garras Taldea ve todos los partidos con una careta de león y otro lo hace debajo del disfraz de Mister Pentland. Todos han terminado por hacerse comunes entre una afición que, cruzando fronteras en competición europea, también se ha destacado por la peculiaridad indumentaria de tipos como Oscar Ganene, vestido con un pijama de corazones rojiblancos y con una bandera de grandes dimensiones con los mismos motivos, o los bombines de una veterana cuadrilla que cuando no hay Europa pasean por lugares emblemáticos de la ciudad con un viejo descapotable.

Ganene y los bombines formaron parte de la familia viajera del Athletic en los mejores años del equipo en competiciones europeas, que fue una constante durante el mandato de Josu Urrutia. Varias decenas de ellos repetían salida y una y otra vez ocupando la parte trasera del avión y siendo cebo ideal para entradillas de televisión porque en mitad del vuelo descorchaban champán y ofrecían percebes. Cada uno a su manera, todos viviendo su pasión alrededor del Athletic.

Las peñas

El Athletic es un club singular también desde el punto de vista de sus aficionados, que 'técnicamente' son muchos más de los que podría recoger el ámbito de funcionamiento para participar como futbolista en el equipo. El hecho de reducir el juego a vascos o formados en canteras vascas no sabe de afición. El equipo rojiblanco tiene repartidos sus seguidores por todo el territorio español y buena parte del extranjero, con hasta 14 agrupaciones acreditadas en distintos países de Europa, América y Asia, con sorpresa animadora en Irán y Japón, donde Masami Murakami organizó una en 2014 después de haber trabajado en Bilbao y empaparse del sentimiento rojiblanco desde el primer día que fue a San Mamés. La Peña Athletic de California tiene como socios a varios descendientes de emigrantes. En sus viajes a Bilbao, que hacen periódicamente, aprovechan para programar varias actividades que les acercan a sus orígenes y visitan distintos puntos de la provincia.

El club tiene registradas 477 peñas oficiales, que para formarse necesitan cumplir una serie de requisitos ya que no vale solo con decir que se juntan cuatro amigos que son del Athletic. El mayor número está fuera de Euskal Herria: 157 están asentadas en Bizkaia, 46 en el resto del territorio vasco, 259 en provincias españolas diferentes a País Vasco y las ya mencionadas 15 peñas del extranjero. La última latinoamericana en ver la luz es la colombiana de Manizales, que curiosamente se inauguró el 30 de noviembre de 2022 en el Palacio de Ibaigane en vez de en su sede en la ciudad del enclave del oeste de Colombia. No hay duda de que el número de seguidores que tiene el Athletic está muy por encima de los 2.200.000 habitantes que tiene País Vasco.

¿Por qué ese tirón? En Bilbao y alrededores no hay discusión porque son muy pocos los que viviendo en Bizkaia eligen otros colores, aunque siempre los hay. Lo de ser del Athletic en la provincia va incluso con los que no diferencian un extremo de un lateral y pasan serios problemas cuando les hablas de volantes, interiores o defensa escoba. Pero que es del Athletic no tiene discusión. Quizá hasta forme parte de una de esas 156 peñas vizcaínas porque lo de ser peñista tiene añadido el punto festivo y de jolgorio que acompaña al fútbol y del que cualquiera, independientemente de la edad, se queda prendado en más de una ocasión.

¿Y las de fuera? En las décadas de los 40, 50 y 60 el Athletic era un club ganador (2 ligas, 8 copas y 1 copa Eva Duarte) y el éxito siempre arrastra seguidores. El Athletic era alternativa al poder que dictaba el Real Madrid y al que se quería añadir el Barcelona. Los leones calaban fuerte entre los aficionados que no eran de ninguno de los dos equipos y profesaban simpatía a los lugareños del norte, en los años 60, por ejemplo, entrelazados a la capacidad magnética que tenía Iribar, que era portero de la selección, uno de los mejores guardametas del mundo y un futbolista al que todos consideraban que podían tener como referencia.

Peñistas y aficionados, siempre presentes en los éxitos del club. Los jugadores de 1966 se fotografiaron con los peñistas de Calahorra, que ocupaban las primeras filas en San Mamés.

Por esa vía llegaron 258 agrupaciones que provocaron que se tuviera que organizar una Federación de Peñas, que está organizada por sectores geográficos: norte, noreste, noroeste, centro, sur, suroeste, sureste, mediterráneo e internacional. Cada una de ellas tiene sus respectivos órganos de dirección y periódicamente se organizan encuentros, en los que participan integrantes del club y representantes de la plantilla de otras épocas. El fervor rojiblanco crece a medida que el fútbol ha inundado las redes sociales, como así lo acreditan los registros de interactuaciones o seguidores de las mismas, y hay peñas que han adquirido el carácter de emblemáticas. Es el caso de la Peña de Minglanilla, donde sus socios y simpatizantes participan en la ofrenda floral que se hace cada 12 de septiembre en la localidad al Santo Cristo de la Salud y la afrontan vestidos de rojiblanco y con varios motivos ligados a la institución. Los conquenses son precursores en el ámbito peñista al constituirse en 1950. Jaén y Alicante son enclaves con varias peñas y Benavente, con el castillo recortando en el cerro próximo, tiene igualmente un lugar de recogimiento rojiblanco. Son abiertas y siempre dispuestas a la charla. Agradecen el intercambio de parecer y que uno se identifique en rojiblanco. Si no lo ha hecho, pruébelo. No dejará de sorprenderle. Eso sí, vaya con tiempo, que le costará salir de allí… si es que no queda para volver al día siguiente.

La primera peña del Athletic creada en País Vasco fue la Peña Athletic Juvenil, que en 1966 abrió la lista de agrupaciones. No le dieron el nombre de un futbolista del momento, que es más que común, y eligieron quedarse con el conjunto de los que venían por debajo. Es una de las peñas señaladas por su influencia porque en sus mesas han comido y tratado asuntos de futuro muchos aspirantes y presidentes del Athletic. La Juvenil fue un paso más allá y en 1976 organizó los trofeos Furia y Regularidad, que se entregan al final de temporada a los más destacados del primer juvenil del Athletic. La nómina de premiados deja claro que los socios de la Peña Athletic Juvenil, que son los votantes, tienen buen ojo porque un porcentaje altísimo de los premiados han hecho después carrera en San Mamés con el primer equipo.

El peñista, sobre todo el que vive a distancia de San Mamés o Lezama, disfruta con sus palizas de autocar cuando se acercan a Bilbao para seguir algún partido o en el momento que hacen cola para entrar en Lezama o, simplemente, esperan a que los jugadores les dediquen una sonrisa desde su coche. Viven en una red tejida a base de años y lo más normal del mundo es que unos se alojen en casas de otros cuando los partidos obligan a viajar... hasta más de un peñista ha confraternizado tanto que han participado como invitados de rigor en bodas, bautizos y comuniones de otros seguidores del Athletic que viven a muchos kilómetros de distancia, pero a los que han conocido en algún campo o en alguna concentración de peñas.

Antonio Fraguas, Forges

Madrileño, hijo de padre gallego y madre catalana, Antonio Fraguas de Pablo, Forges (1942-2018) siempre tuvo al Athletic en su cabecera futbolística. También lo dibujó en varias ocasiones y cedió muchas de sus inconfundibles viñetas al Museo del Athletic. Segundo hermano en una familia numerosa, Forges, traducción al catalán de su apellido y nombre artístico que con el tiempo trascendió al real, tuvo una estrecha vinculación con el Athletic, del que se consideraba un apasionado hincha. Fue el único de sus hermanos en decantarse por los colores rojiblancos.

Nació un día antes de que el Athletic que entrenaba Juan Urkizu perdiese 3-2 en su visita liguera a Chamartín ante el Real Madrid de Juan Amet y falleció el mismo día que el equipo bilbaíno perdía con el Spartak de Moscú (1-2) en Europa League, aunque los leones que tantas veces dibujó pasaron la eliminatoria ya que los de Ziganda habían ganado antes 1-3 en la capital rusa.

Celebró títulos con viñetas en las publicaciones para las que colaboraba y también las derrotas. Histórica y entrañable es la que plasmó tras la final de Copa del Rey 2009, la primera en muchos años jugadas por el 'rey de copas'. Uno de sus habituales calvos con bigote vestido entero de rojiblanco festejaba fervorosamente mientras a su lado, otro individuo lanzaba: «anda, que si llegamos a ganar…».

Forges debe su querencia rojiblanca a su padre, Antonio Fraguas Saavedra, periodista y escritor con estudios de Derecho y Farmacia. Además del nombre, Antonio, Forges heredó el gusto de su padre por el club bilbaíno. Contaba el dibujante que recordaba cuando siendo niño su padre le dijo que «el equipo más deportivo era el Athletic porque San Mamés es el único campo en el que si el rival está bien los aficionados del Athletic también le aplauden».

La razón le agitó. Y empezó a rascar conocimiento alrededor de un equipo del que en pocos años era fiel seguidor. Llevó adelante su propósito pese a que, en el Ramiro de Maeztu, su primer lugar de estudios, era de los pocos que no veneraba a cualquiera de los equipos de Madrid. «Y el único del Athletic», sostenía.

En los partidos de patio, calle o campa Forges era uno de los porteros. La posición le hizo decantarse por Carmelo, que debutó en el Athletic en 1951, y aquellos vuelos sin motor que hacían mella en sus rodillas y codos los disfrutaba como si fuera Cedrún. No fue un amor eterno. Forges se adaptaba. «Mi primer ídolo fue Carmelo, luego me hice de Iribar», dijo en

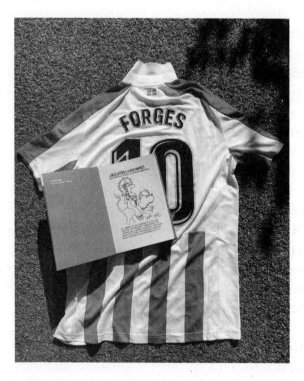

Camiseta rojiblanca en homenaje a Forges bajo una de sus ilustraciones.

alguna entrevista. Él defendía al portero del Athletic, al que fuera, si bien es verdad que con Iribar vivió grandes tardes de aficionado en las edades en las que los aficionados pueden disfrutar al máximo esas grandes tardes.

Se apartó pronto de la formación académica, en los primeros cursos de bachillerato, y en mitad de la década de los 50 trabajaba como técnico en Televisión Española, donde casi 20 años después ejercía como coordinador de estudio.

Aquel trabajo en TVE, que dejó atrás para dedicarse por entero al humor gráfico en *Diez Minutos, Hermano Lobo, Por Favor, El Jueves, Sábado Gráfico, Interviu* o *Lecturas* antes de convertirse en referencia de *Diario 16, El Mundo* y *El País*, le acercó todavía más al Athletic.

En sus años de niño había empezado a sentir admiración por Zarra, del que aseguraba que «es la mejor cabeza de Europa después de Winston Churchill», y en una de las tareas con TVE tuvo oportunidad de conocerle. Lo propició la casualidad. Forges estaba trabajando cerca de Mungia cuando un fuerte aguacero con ventisca obligó a la cuadrilla a guarecerse en un bar. Y allí, de improviso, apareció Zarra. El joven Forges no hizo más que venerar a su ídolo. Años después Zarra le envió una camiseta de recuerdo, que la familia del genial dibujante guarda como un gran tesoro.

El trabajo en TVE hizo que en más de una ocasión tuviera que pasar temporadas en Bizkaia, donde amplió su militancia rojiblanca al tiempo que disfrutaba del territorio. Le gustaba lo que veía y las visitas se repitieron cuando ya no dependía de una orden de trabajo. En sus dibujos hay referencias a la localidad y también retratos de personajes conocidos de Bilbao y del alcalde Azkuna. El lazo con el Athletic se fue anudando hasta el punto de que ambos se consideraban uno de los suyos. El día de su muerte el club recordó a Forges en las pantallas exteriores de San Mamés. ¿Cómo? Vestido de rojiblanco mientras dibujaba una viñeta de temática Athletic.

El dibujo no fue la única disciplina artística en la que se empleó. Publicó novelas, dirigió dos películas, un puñado de series de humor para televisión y fue colaborador en reconocidos programas de radio. En todo ese tránsito profesional nunca dejó de seguir al Athletic. Era su pasión. También un motivo de pique en su domicilio familiar porque su esposa, Pilar Garrido Cendoya, profesaba afición por la Real Sociedad. El derbi estaba servido. Pilar Garrido, cordobesa, trascendió al domicilio familiar porque era 'La flaca' en las viñetas de Forges. «No me llamo Gensanta, pero soy la flaca de los dibujos de Antonio. Esa que no le hace caso, esa soy yo», bromeaba en una entrevista.

El extraordinario dibujante, un genio del costumbrismo y la razón social, extendió el fútbol más allá del Athletic. Los leones fueron su equipo de siempre, al que seguía y al que veía cuando había oportunidad, pero también fue parroquiano del Real Madrid. Lo dejó atrás a partir de una fotografía que no consideraba apropiada en la defensa de valores. «Durante una época fui socio del Real Madrid y el día que vi una foto de Ramón Mendoza con una bandera negra y varios ultras decidí, esa misma tarde, devolver mi carnet y el de mis hijos. Con ciertas cosas no se puede transigir». Palabra de Forges.

Jon Rahm, más que golf

El Athletic es norma de vida en Jon Rahm (Barrika, 1994). El primer jugador de golf español en lograr el US Open —lo hizo en 2021— tiene a los leones metidos en la raíz. Ilustre de Bizkaia, nombrado como tal en 2022, lleva en la piel la identidad rojiblanca.

En categorías inferiores, de prebenjamines a infantiles, Rahm fue uno de los porteros del Plentzia. El deporte siempre ha sido ejemplo en la casa familiar, así que además de jugar al fútbol cerca de la ría de Plentzia, el segundo hijo de Edorta y Angela también practicó artes marciales y piragüismo.

Su abuelo Sabin, ya fallecido, fue delegado de las categorías inferiores del Athletic durante más de 30 años y el legado le llegó pronto. En casa de los Ramh antes que el golf ha estado el Athletic. El jugador presume de ello en cualquier lugar y durante 2023, año del 125 aniversario de la fundación del club rojiblanco, ha ejercido como uno de los 12 embajadores nombrados por la entidad para tal efeméride. El golfista fue el primero en ser designado y encabezó una lista en la que figuran personalidades de distintos ámbitos. «Ser embajador y hacer algo por el club que de pequeño nunca pensaba podía hacer es todo un honor para mí», destacó.

Rahm luce Athletic allá donde va. Durante mucho tiempo el jugador adornaba su bolsa de palos con un escudo del Athletic. Lo dejó de hacer por una cuestión de patrocinio. La firma deportiva que le patrocina es distinta a la que viste el Athletic, así que le pidieron que lo retirara. No es una nimiedad. Sirve para imaginar la cantidad de aficionados al golf que han llegado a conocer el Athletic a través del empaque de los palos de Rahm.

Quizá haya un día en el que el golfista y el club al que ama compartan patrocinador y ya no suponga perjuicio alguno mostrar colores y símbolos del club.

El jugador que tiene el récord de semanas al frente del liderato mundial en la competición amateur y que hasta febrero de 2023 ha sido número uno del golf profesional durante algo más de 40 semanas llegó a su deporte con una potente formación en Estados Unidos después de haberse iniciado en Bizkaia con Eduardo Celles, con el que mantiene relación. «Cuando tenía 14 años me dijo que iba a ser número 1 del golf», apuntó el que fue su entrenador.

El siguiente paso formativo tras la estancia con Celles fue la Universidad de Arizona, donde además conoció a Kelley Cahill, con la que años después contrajo matrimonio y tienen dos hijos en común, Kepa y Eneko.

Socio del Athletic desde los 10 años de edad, hace tiempo que la localidad de Rahm es un sueño para el campeón de golf porque vive a mucha distancia de San Mamés. «Soy socio desde hace 18 años ya, y sigo manteniendo el carnet aunque no esté aquí. Estar tan lejos de casa es algo que me cuesta. [...] Hubo

Jon Rham, en el homenaje que recibió del Athletic en San Mamés.

una temporada que dos o tres veces seguidas me levanté pronto y vi al rival marcar, y con lo poco estresante que me parece el golf a veces, lo paso mucho peor viendo al Athletic por lo que me importa, por ese vínculo. Siempre que puedo veo el partido. El Athletic es casi como una religión. Pocos clubes tendrán tradiciones más antiguas y más fuertes que esta. ¿Una palabra para definir al Athletic? Legendario».

La corriente rojiblanca y el golf se unen también en Ramh en la figura de Aritz Aduriz, que es uno de sus buenos amigos. Los dos han participado en *challenges* familiares en campos de golf del País Vasco y el que fuera delantero del Athletic acompañó en el césped al golfista cuando Rahm fue homenajeado en San Mamés en un partido de Liga frente al Eibar después de que el vizcaíno ganase la Orden de Mérito del Circuito Europeo.

Rahm es aficionado de cabecera y en los descansos de sus maratonianos partidos busca hueco para seguir por televisión o internet los encuentros ligueros del Athletic. Con algunos cambios horarios hacerlo en directo es imposible, más todavía para un deportista profesional que tiene una marcada agenda y que en competición necesita priorizar los descansos, pero hay hueco para resúmenes y para conectar con redes sociales. Es un aficionado que quiso ser parte de los que pelean por el escudo en el derbi.

Leones en la escena

El fútbol es drama y comedia. Escena pura. Y son muchos los actores que disfrutan del fútbol con el mismo ardor que con una obra de teatro o una película clásica con muchos de los que consideran referentes, puede que hasta incitadores de su profesión. El actor, que tiene mil y una caras para el gran público, se recoge después en su domicilio y con sus amigos, para sacar la persona que realmente es. Ahí aparece la pasión por el balón y por determinados escudos. Son muchos los actores que no esconden su filiación, pese a que hacerlo podría traerles problemas por eso de que mostrar la verdadera cara es fuente de posibles dificultades. En eso el Athletic tiene suerte porque los que son del Athletic, actores o no, no encuentran motivo para ocultarlo.

En País Vasco la significación con el equipo no es problemática. Lander Otaola, bilbaíno con pasado en la cantera de Lezama, ha defendido su vinculación moral con el club rojiblanco en todos los sets de rodaje en los que ha estado. Incluso ha representado a Pichichi, en una obra teatral de gran aceptación y que también ha sido reconocida por ilustres rojiblancos.

Igual de rojiblanco, aunque alavés es Gorka Aginalde, todoterreno de las tablas con una trabajada capacidad para captar la atención y facilidad para provocar la risa entre su público. Es curioso que en una de las series de televisión que ha protagonizado compartió cartel con Jon Plazaola, guipuzcoano y fiel escudero de la Real. Un derbi a su lado sería impagable.

La localización del nacimiento acerca mucho al equipo del que uno se siente. Más complejo es sentir por algo que tienes lejos. Ahí entran dos vías: la familiar, que siempre ayuda, o el enamoramiento por cualquier circunstancia. Seguro que en más de un mecanismo la familiar también ayudaría para buscar el enfrentamiento. «Si este es de ese equipo, yo del otro». Antonio Molero o Julián López forman parte de esos actores que pasean rojiblanquismo naciendo y viviendo a muchos kilómetros de Bilbao y con San Mamés conocido por fotografía o televisión durante más tiempo del deseado.

Antonio Molero (1968) es toledano, de Ajofrín, un enclave de la comarca de la Sisla cuyo equipo de fútbol es el Corazón Titán, antes Club Deportivo Titán, que viste de rojiblanco, con camiseta y pantalón rojos. ¿Será por eso? No, Molero es del Athletic por su padre, que le metió el gusanillo del club bilbaíno desde que era niño. Reconocido hincha, más de uno asegura que lo suyo es proselitismo rojiblanco. En diciembre de 2011 contó en la revista oficial del Athletic las motivaciones para convertirse en un fiel. «Jugué de portero durante muchos años inspirado por ese mito elegante que fue Iribar. Cambié los dientes viendo al canalla de Dani deteniendo el tiempo con su *paradiña*. Admiré la sangre fría del genio Sarabia. Disfruté cómplice de la chulería de Clemente. Respeté a ese Andoni Zubizarreta, profesional como los músicos del Titanic. Me ilusioné con la magia de Julen Guerrero. Me indigné con el sabotaje a Gurpegi».

Entre su extensa cartera de trabajos Molero fue significado en el éxito de *Los Serrano*, donde compartía cartel con Antonio Resines, declarado seguidor del Real Madrid, y Jesús Bonilla. Los tres —Fiti, Diego y Santi, en la ficción— tenían al Real Madrid en los altares. Estuvo en pantalla durante ocho temporadas entre 2003 y 2008, pero no hubo manera de cambiarle de lado a un sentimiento de cuna. «Mi madre dice que la culpa de todo lo malo, como en la trilogía *Millenium*, la tiene el fútbol. Mi padre murió a los 37 años, víctima de una cardiopatía agravada, según mi madre, por su pasión por el fútbol. Hasta tal punto mi padre era tan del Athletic que a mi hermana le puso de nombre Begoña».

Julián López (El Provencio, Cuenca, 1978) es otro conocido actor que profesa admiración por el Athletic. Igual que en el caso de Antonio Molero también lo hace por tradición familiar. Le viene de su abuelo. Con Molero tiene otra coincidencia, que igualmente les une a Forges. Los tres son destinatarios del galardón Un León en el Foro que ofrece anualmente la Peña Athletic Euskal Etxea de Madrid a seguidores del Athletic con éxito en sus respectivas profesiones y residencia en la capital. El premio es buena muestra de cuánto puede el Athletic. Forges, Molero, López, el periodista británico Paul Giblin y el productor musical y periodista El Pirata (Talavera de la Reina) son los cinco no vascos reconocidos en las menciones que se realizan desde 2012.

Músico, actor, monologuista... Julián López ha viralizado sus geniales actuaciones dando presencia a Juancarlitros o Vicentín.

Los años le han llevado en más de una oportunidad a San Mamés y mantiene relación con más de un futbolista. En varias ocasiones, cuando su trabajo se lo permite, interactúa en redes sociales a partir de los goleadores del Athletic en sus distintos partidos de Liga y Copa.

¿Por qué el Athletic? «Mi padre lo fue por mi abuelo, así que tenemos que ir a mi abuelo, que contaba que en los años 50 el Athletic era tan importante como el Barça o el Madrid así que nadie se preguntaba por qué un niño podía ser del Athletic, aunque viviera en La Mancha. Él siempre me hablaba del portero Carmelo, de la mítica delantera de Iriondo, Zarra, Panizo, Gorostiza y Gainza... Era fácil ser de ellos y esa pasión se la pasó a mi padre, que además también vio ganar títulos: el doblete de Clemente, finales europeas... yo creo que somos nosotros los que nos la jugamos ahora, los que no somos de ahí, porque ahí te puede tirar la tierra, pero los que no hemos visto un título y seguimos siendo del Athletic somos los que lo tenemos complicado para mantener eso con toda la exposición mediática que hay», argumentaba en la revista *Líbero*.

El día de su primera vez en San Mamés no lo olvida. Lo equipara en la misma entrevista con otro momento inolvidable, aunque este más relacionado con la escena: «Cuando fui por primera vez a San Mamés sentí algo especial por dentro al estar en aquel sitio en el que habían pasado tantas cosas. No me lo podía creer. 'Dios mío, esto existe', pensaba, 'y lo puedo tocar'… Bueno, pues cuando fui a Nueva York y quise entrar a ver el Saturday Night Live y no pude, al menos me dejaron entrar en el plató y la sensación era la misma».

Política y toros

El arte de la política y la tauromaquia son esferas que no dejan indiferentes. Si el fútbol levanta pasiones, la política y los toros las desbordan. Dos disciplinas controvertidas y miradas que entre civilizados dan para largas charlas. Uno nunca es consciente del todo de su posición política hasta que tiene enfrente a alguien con el que instruir un debate al respecto que, en el global, permita deducir las posiciones de cada uno. En el mundo del toro no es tan complejo: o te gustan o no. Ahora bien, pruebe a sentarse a convencer al que tiene enfrente, si es que piensa distinto a usted, de que su postura taurina, favorable o no a las corridas, es la acertada. Políticos y toreros, gobernantes y taurinos también respiran fútbol. Y el Athletic, siempre por encima de esas distinciones, es albergue de todas sus razones.

Luis María Anson (Madrid, 1935), no es político ni torero, pero mantiene relación con ambas disciplinas. Anson, que en su día decidió retirar la tilde de su apellido, pertenece a la RAE desde 1996, cuando fue apadrinado por Lázaro Carreter, y desde 1998 ocupa el Sillón Ñ.

Es un periodista de amplio recorrido y numerosas condecoraciones que todavía está en activo porque, dice, «soy un obrero de las palabras y me gustaría morirme trabajando». En su prolijo currículum se recuerda que fue miembro del Consejo privado del conde de Barcelona y secretario de Información de su secretariado político, director de *Blanco y Negro, La Gaceta Ilustrada*, Agencia EFE, ABC, presidente de Televisa, fundador de *La Razón*. Cómo olvidar, que fue presidente del concurso Miss España… Y del Athletic. Lo repite una y otra vez. Como si fuera un mantra. Tiene varios motivos, aunque uno de ellos es de marcada vertiente política. «El Athletic es el único equipo que juega con 11 españoles». Lo ha recordado en innumerables y también en portadas de ABC.

La coletilla de los 11 españoles, sin profundizar en una procedencia más local, que es el signo de identidad de un Athletic que para su primer equipo solo quiere jugadores vascos o formados en canteras vascas, matiz que Anson no considera en sus apreciaciones, fue creciendo con el tiempo, a medida que el periodista ganaba influencia en distintos medios de comunicación. El origen de su gusto por el Athletic, lejos del paisanaje de sus futbolistas, fue, así lo declaró él, por la influencia que ejercieron en él los títulos (1 liga y 5 copas) del equipo que en la delantera tenía a Iriondo, Venancio, Zarra, Panizo y Gainza. Los vio en directo en la final de Copa de 1942 y le dejaron una profunda huella. Y eso que el Athletic perdió aquella final.

Jesús Castañón Rodríguez, filólogo, profesor de Literatura Española y escritor, resume en *Luis María Anson o el sentimiento de España a través del deporte* el porqué del lazo rojiblanco del académico. «La admiración por el conjunto bilbaíno surge por ser el único equipo de la Liga profesional en el que juegan once futbolistas españoles y por las huellas imborrables que ha dejado en la memoria colectiva la delantera de fuego, la línea atacante de los años cuarenta y cincuenta del siglo xx que consiguió una liga y cinco copas de España. Esta segunda delantera histórica del club rojiblanco estuvo compuesta por Iriondo, Venancio. Zarra, Panizo y Gainza y en ella han destacado las figuras de Zarra, como encarnación de la nobleza y la deportividad, y Gainza, en su consideración como el segundo mejor jugador en el fútbol español del siglo xx y su certera reflexión sobre la gran influencia de la suerte en el resultado final de un partido».

En la política el Athletic no vive de bancadas y tiene seguidores en las distintas formaciones parlamentarias. Los hay de toda la vida y seguro que los hay por conveniencia electoral, que lo mismo unos días son del Athletic y otros del Betis o el Zaragoza. Igual que con los actores, aunque por eso de la rivalidad provincial estaría jugoso conocer si hay 'tránsfugas' deportivos en los partidos políticos vascos; el detalle está en encontrar políticos que canten admiración por el Athletic sin haber tenido relación física con el club y hasta tardando varios años en ver en directo a los jugadores en un partido del club al que quiere. El elenco actual cuenta con ellos, pero mejor retirarse al pasado y considerar a alguien que dejó tiempo atrás este mundo: Julio Anguita. Secretario General del PCE y Coordinador General de Izquierda Unida, Anguita (1941-2020), estudio Magisterio, profesión que ejerció, y más tarde se licenció en Historia en la Universidad de Barcelona. En ese periplo ya era hincha del Athletic. «Fue por la delantera de los años 50»; la primera que vieron sus ojos. Con motivo de la final de Copa de 2012 Anguita ofreció sus impresiones sobre el Athletic en reportajes especiales alrededor de un enfrentamiento con el que los leones soñaban con volver a levantar el trofeo.

Anguita se retiró de la primera línea política en el año 2000 debido a una afección cardíaca —renunció a una pensión de jubilación como exdiputado y recibió la que le correspondía como maestro de escuela— aunque esporádicamente participó en campañas y actos puntuales. Uno de ellos resultó fatal para su familia. En abril de 2003, minutos antes de tomar parte como orador en Getafe en un acto de Unidad Cívica Republicana, Julio recibió la noticia de que su hijo, corresponsal de guerra, acababa de fallecer en una acción militar en Bagdad. Anguita subió al estrado y pronunció uno de sus últimos y más recordados discursos. «Mi hijo mayor, de 32 años, acaba de morir, cumpliendo sus obligaciones de corresponsal de guerra. Hace 20 días estuvo conmigo y me dijo que quería ir a la primera línea. Los que han leído sus crónicas saben que era un hombre muy abierto y buen periodista. Ha cumplido con su deber y yo por tanto voy a dirigir la palabra para cumplir con el mío. Ha sido un misil iraquí, pero es igual, lo único que puedo decir es que vendré en otra ocasión y seguiré combatiendo por la tercera república. Malditas sean las guerras y los canallas que las apoyan».

El círculo de la política, escena y tauromaquia con protagonistas que se confiesan hinchas del Athletic lo cierra el torero —en el argot el nombre se mantiene sin importar el tiempo que lleve el diestro retirado—Juan José Padilla. Nacido en Jerez de la Frontera el 23 de mayo de 1973, miércoles de una semana que el Athletic inició perdiendo el derbi de Atocha y terminó ganando al Oviedo en los octavos de final de Copa. Jerez es una de las plazas gaditanas que cuenta con una peña del Athletic. También la tiene Sanlúcar de Barrameda, que es donde Padilla y su familia fijó años atrás su residencia.

El peculiar matador de toros está en este mundo por un chispazo. En octubre de 2011 sufrió una espectacular cogida en Zaragoza. Fue de tal gravedad que perdió el ojo izquierdo. Cinco años después, en el mismo coso, otro toro incidió en el mismo objetivo. Vivo y escarmentado, Padilla colgó los trastos en 2018, con problemas de estabilidad y equilibrio y muchas secuelas de la cornada del 2011.

El gaditano siente al Athletic como su equipo y no ha dudado en posar en más de una ocasión con la camiseta del equipo rojiblanco, aunque su filiación no sea tan comentada por el general de los aficionados. Los que seguro tienen presente cuáles son los colores que le tiran son los aficionados a los toros que en el estreno de Padilla en la bilbaína plaza de Vista Alegre le despidieron con jubilosos cánticos de «ari, ari, ari, Padilla lehendakari».

San Mamés no le ha tenido entre sus invitados de honor. Pero sí ha estado en otros campos. Y no de cualquier manera. En junio de 2013 Padilla hizo el saque de honor en un partido de la Cultural Leonesa, que soñaba con el ascenso. Fue un saque singular pues se produjo en el descanso ya que en la primera mitad el gaditano todavía estaba toreando en la plaza de toros de León, al otro lado del río Bernesga. Lo ejecutó, además, en traje de luces elegido para la ocasión en blanco y oro para homenajear a la Cultural. ¿Se imagina algo parecido en San Mamés?

One Club Man/Woman Award

El ámbito del club va más allá de su camino deportivo. Ligarlo a una ciudad, un país o una manera de actuar consigue que un elemento deportivo trascienda las fronteras. El Athletic, que está más que consolidado en la estructura organizativa del fútbol europeo —hay jugadores de la actual plantilla que defendiendo la rojiblanca han disputado más partidos que determinados clubes en toda su historia, aunque esos clubes quieran pasear la bandera de la continuidad en ciertos torneos— necesita dar pasos adelante en aspectos alejados del día a día competitivo. Así también se edifican los nombres irreductibles.

Quizás porque todo aquello que representa el Athletic puede resumirse en «Lezama, San Mamés y el orgullo de pertenencia»: en 2015, a instancias del equipo directivo de Josu Urrutia, el club decidió entregar el One Club Man/Woman Award, que es un premio nacido para distinguir a futbolistas que han hecho carrera en un mismo club, desechando opciones de salida y solidificando el sentimiento y la representación del club al que decidieron emparejar su vida.

El One Club Man/Woman Award redimensiona el eco del Athletic, Bilbao y País Vasco a partir de una membresía particular que deja igual de satisfechos a los galardonados y a sus clubes de referencia.

Las bases del premio aparecen recogidas en la web oficial del Athletic Club. El galardón One Club Man (One Club Woman en el caso de ser una mujer la ganadora) nació en 2015 para premiar a futbolistas cuyas trayectorias en un único equipo representen valores que el Athletic Club considera unidos a su identidad. El valor del premio insiste en una idiosincrasia particular y especifica la consideración de los mismos:

- Lealtad, entendida como una forma de reconocimiento al club que confió y apostó por la joven promesa y la convirtió en futbolista de élite.
- Compromiso a favor de una cultura del fútbol que fomente entre hinchas y futbolistas un sentimiento de pertenencia común.
- Responsabilidad con los orígenes populares e identitarios del fútbol basados en el principio de procedencia.
- Deportividad, para que prevalezca el sentido deportivo del juego y se vele por la igualdad entre los participantes.
- Respeto a los aficionados y aficionadas, cuya pasión es la materia prima que enriquece al fútbol.

El comité de selección de candidatos fue a tiro hecho en la edición inaugural de 2015. Creado, ha quedado dicho, por la junta directiva de Josu Urrutia, el primer galardón recayó en Matthew Le Tisssier, que además de ser fiel al Southampton entre 1985 y 2002 pasaba por ser uno de los futbolistas de referencia del presidente Urrutia.

El dirigente rojiblanco empleó en más de una oportunidad una de las frases que Le Tissier convirtió en cabecera en la antología del amor eterno hacia un club. «Jugar en los mejores clubes es un bonito reto, pero hay un reto más difícil: jugar contra ellos y ganarles. Yo me dedico a eso».

Los dos clubes rojiblancos quedaban unidos por Le Tissier, que vivió un 2015 de coronación porque puntualmente había guiños al Athletic en sus redes sociales.

El tributo a Le Tissier cautivó en la tradición y honor de los señores con años de la Premier League, que enfocaron al Athletic con una lente superior a la de un rival deportivo. El premio creó un caldo de cultivo espectacular para que hubiese inquietud por saber quién sería el siguiente elegido. Incluso en más de una ventanilla se proponían distintos nombres como siguientes alternativas.

El Athletic decidió dar un paso más y en 2019, bajo la presidencia de Aitor Elizegi, estableció dos categorías —masculina y femenina. En la elección de 2020 el club apostó en categoría femenina por Pia Wunderlich, que antes de hacer carrera profesional de dieciséis temporadas en el Frankfurt disputó más de un partido con otro club, aunque fue en edad formativa y debido a la norma muy común de que las chicas con buen nivel ascienden de manera muy rápida a los primeros equipos.

En sus siete primeras ediciones (la del 2021 no se celebró por coincidir la temporada con la pandemia del coronavirus) el premio ha viajado por Europa —Le Tissier, Maier, Mcneill, Giggs—, ha saltado el charco hasta llegar a Argentina (Ricardo Bochini) y solo ha recaído en un futbolista de LaLiga, Carles Puyol. La entrega de los galardones siempre se ha producido en San Mamés, con los protagonistas acompañados en el centro del campo por José Ángel Iribar, león con más partidos en la entidad, y el representante más joven de la cantera de Lezama. La imagen de Iribar con Maier en abril de 2017 es una fotografía de obligado recuerdo por reunir a dos de los porteros más importantes del continente europeo.

Maldini agradece el aplauso del público de La Catedral
tras recibir de Iribar su One Club Man Award.

El Athletic cuenta con el One Club Man/Woman Award como una ventana de máxima exposición, aunque es cierto que al club le ha costado entender que el protagonista no puede dar la sensación de estar secuestrado mediáticamente durante su estancia en Bilbao, donde además de acudir al partido visita a los jugadores en el hotel de concentración y realiza también un tour igual de interesante a Lezama.

El premio a Bochini (2022) dejó claro que sacarlo de la burbuja es una bendición para la carrera publicitaria que también es el premio. En la sala de prensa de San Mamés hubo periodistas argentinos llegados de distintas latitudes interesados en consultar al Bocha, que continúa siendo un ídolo en su país. No en vano, en Argentina era el ídolo de Maradona.

El premio, no obstante, también eleva recelos. ¿Por qué no hay todavía ningún jugador de la Real Sociedad en la lista de honor? No es motivo de rivalidad, quizá solo haya sido debido a una cuestión de oportunidad. El premio tendrá larga vida y entre sus dueños también habrá jugadores de la Real. Ahora bien, lo más probable es que el futuro premiado *txuriurdin* haya sido un jugador que en su día dijo no a una oferta del Athletic.

Cuadro de honor del One Club Man/Woman Award
2015 Matthew Le Tissier (Southampton)
2016 Paolo Maldini (Milan)
2017 Sepp Maier (Bayern Munich)
2018 Carles Puyol (Barcelona)
2019 Billy McNeill (Celtic) y Malin Moström (Umea)
2020 Ryan Giggs (Manchester United) y Pia Wunderlich (Frankfurt)
2022 Ricardo Bochini (Independiente) y Jennifer Zietz (Turbine Postdam)

El baile de las firmas deportivas

Comercialización, comunicación, ingresos y *merchandising* son conceptos que han crecido en la industria del fútbol. Cuando el Athletic ganó sus últimas ligas los balances económicos carecían de semejantes acotados. Todavía eran pocos los que hablaban de atípicos. Es más, si aparecía algo parecido en una conversación, el que escuchaba podía creer que le estaban hablado de un tipo extraño. Un friqui.

Hay que considerar que vestir determinada marca y comercializar ropa deportiva con los colores del club es una función desarrollada con el cambio de siglo. Lo de antes era más liviano en presupuestos y preocupaciones. Desde que las marcas deportivas apostaron por el negocio del fútbol, el Athletic solo ha vestido cinco internacionales: Adidas, Kappa, Umbro, Nike y New Balance junto a la marca Athletic, que fue un novedoso invento para entrar en el siglo XXI.

El Athletic jugó hasta 1980 sin estar asociado a ninguna marca deportiva. En 1981, con el escaparate del Mundial, que tenía en San Mamés una de sus sedes, Adidas se hizo con el patrocinio técnico del equipo. La tradicional marca alemana tuvo un feliz desembarco en el Athletic porque al poco de llegar los leones levantaron dos títulos de Liga y una Copa. No había mejor escaparate posible. Lucían los leones con una firma que acostumbraba a vestir a selecciones y que elegía a conciencia sus clubes. Lo de comprar una camiseta en la tienda era más complicado porque el *retail* estaba por descubrir. Tampoco crean que los futbolistas tendrán muchas de aquellas camisetas en sus casas. Casi las tenían contadas. Eso de llevarte dos por partido como ocurre ahora era ciencia ficción. Las camisetas se lavaban. Y cuando tenían un determinado uso quedaban para los entrenamientos. Adidas rivalizaba con Meyba, que era la firma que vestía al Barcelona y también lució el Atlético, o Ressy, del Valencia.

El triunfo y la presencia en torneos europeos llevó a Fernando Ochoa (¿lo recuerdan de algún capítulo anterior, verdad?) a defender el interés del club y renegociar las condiciones económicas con la firma, pasando de un acuerdo sin apenas consideración económica más allá de un intercambio comercial a contar con algo más de entidad en el presupuesto. Pero todavía era mínimo. Adidas equipó al club durante diez temporadas, con una colección exenta de riesgo y que como mayor aventura fue elegir el rojo como tercera equipación de la temporada, cuando los clubes empezaron a lucir más de dos uniformidades por curso.

El escaparate rojiblanco fue imán para negociaciones con otras firmas y en 1991 el club adquirió un acuerdo con Kappa, que estuvo en las equipaciones de la entidad hasta 1999. El Athletic fue por delante del Barcelona, que se vinculó un año más tarde a la empresa italiana. El club de Ibaigane vivió momentos complicados con Kappa puesto que la firma atravesó graves problemas económicos entre 1996 y 1998. Los diseños fluctuaron a la misma velocidad que la caja central. Se pasó de líneas estrechas a camisetas con listas más anchas y en las equipaciones suplentes brilló tanto una azul con la bandera rojiblanca en horizontal en el pecho como una que recordaba a la primera camiseta blanquiazul de la historia del club. Además, Kappa firmó una camiseta roja con la silueta del león para conmemorar el centenario de la entidad.

La distribución no fue su fuerte y en más de una oportunidad el club estuvo justo de material. La satisfacción del acuerdo fue mermando y el Athletic no tardó en volver a un acuerdo temporal con Adidas, que estuvo de nuevo en la pechera de las camisetas entre 1999 y 2001. Lo hizo a manera de rescate, mientras se trabajaba en otras fórmulas y acuerdos, porque el Athletic no estuvo ni mucho menos igual de tratado, económicamente, que los clubes bandera que tenía Adidas en otras ligas. La firma alemana incluyó una camiseta de color gris, que fue innovación para la época, y sumó el color negro en detalles de las equipaciones azules que actuaban como camiseta suplente.

El conocimiento del entramado y la oportunidad de negocio llevó al club a dar un paso adelante y en 2001 constituyó la marca Athletic, con logo propio y confección de camisetas para todos los equipos de la entidad. El primer año el *retail* quedó para camisetas de juego, sudaderas, ropa de abrigo y chubasqueros y a partir de ahí se fue añadiendo ventanas como una venta propia de ropa *sportwear* (Línea AC), complementos para niños, material escolar... Cuatro años después de su puesta en marcha el club factura 5,6 millones de euros. En ese tiempo había tenido tiempo también de mejorar los tejidos, que en los primeros cursos tenía a más de un jugador de uñas por la rudeza de las camisetas.

Establecido como un asiento económico más en un perfil presupuestario que aumenta cada año, en Ibaigane decidieron mantener la Línea AC, pero entendieron que era mejor asociarse de nuevo con firmas deportivas. La reentrada en el comercio internacional se hizo junto a la británica Umbro, que se felicitaba por contar con el Athletic entre sus clubes de tradición. El acuerdo se extendió entre 2009 y 2013 y permitió disfrutar de camisetas icónicas, como la verde con bandera rojiblanca en el pecho que hacía efecto de ikurriña y conquistó Europa con Bielsa, y contribuyó al equilibrio económico de cada campaña, porque los ingleses pagaban 2,5 millones de euros por campaña. Los siguientes cuatro años fue Nike la que se hizo popular en Lezama y San Mamés a cambio de idéntica cantidad económica, pero asegurando mayor distribución. No hubo mucha negociación porque Nike acababa de adquirir Umbro y heredó el viejo trato.

El último gran acuerdo de estas características se produjo con New Balance en 2017, con vigencia hasta 2025 con una cláusula de salida por cualquiera de las dos partes a lo largo de las dos últimas temporadas. Es decir, coincidiendo con esta edición el club está legitimado para entablar negociaciones con otras firmas, que es algo que ya contempla porque hay marcas deportivas interesadas en asociarse al Athletic. El punto de inicio tendrá semejanza con el de NB, que aporta 3,5 millones de euros anuales a la cuenta de ingresos.

Nos vestimos con la del kétchup

El verano de 2004 enfrentó al Athletic con el arte... a partir de una camiseta.

El 14 de junio de 2004, todavía bajo la presidencia de Natxo Ugartetxe, el club mostró en el Museo de Bellas Artes la que pretendía ser su camiseta en el retorno a competiciones europeas. Una apuesta tan novedosa como arriesgada para el recién iniciado siglo XXI. Probablemente, esa camiseta en esta segunda década del siglo no tuviese semejante trascendencia. Y es que provocó un terremoto de sentimientos que abrieron una brecha irreconciliable. A la vuelta del verano, ya con Fernando Lamikiz como presidente tras ganar las elecciones de septiembre, el club retiró la camiseta que previamente había sido presentada a la UEFA como la identidad del equipo en el torneo. Vayamos por partes.

Darío Urzay (Bilbao, diciembre de 1958), pintor, fotógrafo y artista plástico, saltó a las primeras páginas de los periódicos locales y tuvo resonancia en los deportivos con Equipación XX, que fue la camiseta que diseñó para que luciesen los leones en competiciones europeas. Licenciado en Bellas Artes, exprofesor universitario y con recorrido artístico en Londres, Nueva York y Moscú, Urzay contactó con el Athletic para proponer una idea rompedora alrededor de una camiseta especial y única.

El club valoró la intención y la asumió. El artista invirtió alrededor de 5000 euros en la materialización de un proyecto que, en el futuro, le reportaría el 12% de la facturación comercial de las camisetas. «Los jugadores se van a sentir muy diferentes al resto y les dará fuerza. Una camiseta de rayas rojas y blancas puede ser de muchos equipos; esta es solo del Athletic. No es el diseño de una camiseta, es la expresión de lo que para mí es el Athletic. No es mejor ni peor. Simplemente, es diferente», expresó Urzay en la presentación de la prenda en el Museo de Bellas Artes de Bilbao.

Sin duda, fue un precursor de lo que vino después en el mundo de las camisetas de clubes deportivos, que ahora incluyen siempre un modelo rompedor entre el catálogo de cada temporada. Pero en 2004 y en el Athletic, no gustó. Las reticencias afloraron desde el inicio y la idoneidad de la prenda se puso pronto en duda, con aficionados incluso proponiendo manifestaciones en defensa de la tradición de las rayas al uso. El Athletic siguió con el plan de fabricación y venta convencido de que sería su prenda europea. Pero solo se jugó un partido con ella. Un amistoso frente al Groningen holandés el 5 de agosto de 2004, que terminó en derrota para los leones. No hubo canal de televisión en España que no pujara por aquellas imágenes y en los diarios el estreno de la camiseta, con toda la polémica que tenía detrás, mandaba más que el desenlace del encuentro.

Era un día de calor pegajoso y el partido un atractivo más en una tarde con las terrazas repletas. Los hinchas del Groningen no prestaron demasiada atención a lo peculiar de la camiseta.

El Athletic solo utilizó en pretemporada la camiseta creada por Uzay, que en su día fue presentada en el Museo de Bellas Artes de Bilbao.

La ciudad tiene un museo de arte moderno y contemporáneo que contextualiza la situación. Nada les pillaba por sorpresa a unos ciudadanos ya de por sí atrevidos. Permítame una *curiosité*. Ese calor infernal me llevó a una peluquería para un corte de pelo al uso y tras dejar hacer al profesional solo hubo que ponerse frente al espejo para constatar que en Groninga arriesgaban en cualquier lugar. El siguiente partido de la gira de verano constató que lo de la camiseta del Athletic que ya no se volvió a utilizar era un juego de niños comparada con la del Heerenven: rayas blanquiazules con corazones rojos, igual que su escudo.

El Athletic terminó la gira, LaLiga llamó a la puerta y tras las elecciones ganadas por Lamikiz el club solicitó a la UEFA que retirase la camiseta como equipación oficial del club en el torneo europeo ya que los leones jugarían como siempre, con rayas rojiblancas. Ahí se levantó otra polvareda de importancia porque a Urzay le dolió en el alma el tratamiento recibido. «En la web de la UEFA se puede leer 'camiseta ketchup' cuando mi obra tiene título, y ese es Equipación XX», denunció el artista en una rueda de prensa que ofreció en octubre con doble motivo: anunciar que tomaría medidas contra la institución por lo que consideraba una desconsideración y reseñar que retiraba al Athletic los derechos de explotación de la camiseta.

Meses después, Darío Urzay obtuvo el Premio Nacional de Arte Gráfico «por lo que suponen la ruptura de los ámbitos convencionales de consumo de la imagen gráfica y los soportes». La camiseta, que ahora se puede ver en el museo del Athletic en San Mamés, ha recorrido varios museos junto a fotografías del artista. Fue prenda de un solo uso para un amistoso, pero tuvo más recorrido entre los aficionados porque entre julio y octubre se vendieron casi 4.500 en los distintos canales de distribución que gestionaba el club. Las hay en mil y un lugares. Hasta en series de televisión. Ursula Corberó vistió una de ellas en la miniserie *¿Qué fue de Jorge Sanz?* (2010).

Los Leones

Seguramente seremos injustos, olvidadizos y sujetos de las críticas porque nos dejaremos a muchos, quizás demasiados, pero vamos a intentarlo.

RAFAEL MORENO «PICHICHI»

Fotografías, no demasiadas, y textos en los periódicos de la época cuentan la historia del primer futbolista que se prolongó en el tiempo hasta vestir los trajes de leyenda y mito. Rafael Moreno, Pichichi (23 de mayo de 1892), es historia del Athletic y símbolo en el fútbol español, más todavía desde que el diario *Marca* decidió otorgar su nombre al premio para el máximo goleador de cada temporada en la Liga. Pichichi es un término recogido por la RAE desde 2014. *Yo soy Pichichi*, cabaret tragicómico que protagoniza el actor vizcaíno Lander Otaola, ha llevado la vida y obra del delantero a las tablas del teatro. Y la Aste Nagusia —Semana Grande de Bilbao— le reconoce desde hace años porque uno de los gigantes que pasean con la ciudad junto a los cabezudos es Pichichi, con su pañuelo blanco de cuatro nudos tocando su cabeza. Lina, su pareja, también tiene recuerdo en forma de gigante.

Rafael Moreno Aranzadi, Pichichi, sobrino de Miguel de Unamuno, reconocido escritor, filósofo y catedrático universitario con incidencia en la política, y Telesforo Aranzadi, antropólogo, catedrático, escritor y farmacéutico, escapó del carril de la familia y pronto se dedicó al fútbol. Lo empezó jugando con los marineros británicos en los muelles más próximos a

Bilbao y pronto lo hizo para el Athletic, con el que entre 1913 y 1922 firmó 83 goles en 89 partidos.

Fue autor del primer gol en el estadio de San Mamés y en su estreno en un encuentro oficial demostró que lo suyo era hacer daño a los porteros contrarios porque marcó tres tantos al Real Madrid. Era a todas luces un pionero que también aparece entre los que, a los ojos de Real Federación Española de Fútbol, pusieron la primera piedra en la selección española en los Juegos de Amberes de 1920. Para Fernando Arrechea, miembro oficial de CIHEFE, el primer partido de la selección se jugó el 25 de mayo de 1913 en Hondarribia, tres meses antes de que Pichichi pasase a la historia como el goleador inaugural de San Mamés.

Pichichi se retiró a los 29 años y durante un breve tiempo ejerció como árbitro, que no le dolían prendas dirigir en vez de jugar. La leyenda engulló la realidad y las teorías alrededor de su retirada son varias, igual que las peculiaridades de su muerte. Fino y habilidoso, pero no llamado al plato de la potencia física, cuentan que se hartó de la exigencia y de las veces que en la grada la tomaban con su figura cuando no se prodigaba en las carreras y las disputas o las ocasiones en que le fallaba el acierto.

Rafael Moreno «Pichichi», con su vendaje característica en la cabeza.

Era farandulero. Le gustaba trasnochar entre semana y era visitante habitual de tabernas, que al parecer minaban su capacidad física en los partidos. La mayor parte de las ocasiones suplía la falta de potencia con su extraordinaria calidad y arte para el desborde.

El delantero tuvo corta vida de civil puesto que murió sin cumplir los 30 por unas fiebres tifoideas que la historia ha trasladado que se debieron a la ingesta de unas ostras en mal estado. Hay otras versiones al respecto, pero dejemos en paz las causas de la muerte del mito. «El jugador formidable, varias veces campeón, el *exequipier* veterano del Athletic, Rafael Moreno, en fin, ha muerto, en la flor de la vida. ¡Pobre Pichichi! Cuantas veces con una de sus maravillosas jugadas ha levantado en vilo a millares de espectadores, que le aclamaban después frenéticamente», relataba *El Noticiero Bilbaíno*.

El funeral fue multitudinario y produjo un terrible pesar en los aficionados del Athletic. También entre los que habían criticado a Pichichi antes de su retirada. El escultor bilbaíno Quintín de la Torre, amigo personal de Miguel de Unamuno, recibió poco después el encargo de realizar un busto en bronce del futbolista fallecido, que quedó instalado en San Mamés coincidiendo con un amistoso en su recuerdo frente al Arenas Club.

La pieza cambió de ubicación a medida que el campo iba creciendo y desde que se construyó el nuevo está en un lugar preferencial. En 1927 un hecho casual convirtió en tradición que cada equipo que jugaba por vez primera en San Mamés depositase un ramo de flores junto al busto de Pichichi. La tradición la inauguró el MTK Budapest, que decidió homenajear al futbolista fallecido de esa manera. Crearon escuela.

No obstante, fue el modesto Haro el que abrió los reconocimientos con flores a Pichichi, que al retirarse del fútbol trasladó su residencia a la ciudad riojana. Rafael Moreno dejó buen gusto en Haro, donde recién abandonado el fútbol jugó partidos con amigos y también con algún exjugador del Athletic. Llamado el Haro en 1924 para un partido de preparación contra los suplentes del Athletic, los riojanos, conocedores de que en San Mamés había una fotografía de Pichichi, quisieron mostrar su cariño con un ramo de flores.

Rafael Moreno Pichichi, que da nombre a una calle en los aledaños de San Mamés, dónde iba a ser, ganó 4 Copas y 6 campeonatos regionales. No participó en ninguna liga, que se instauró más tarde, y jugó cinco partidos con la selección española. El único gol que marcó como internacional fue en la final por el segundo puesto disputada contra Países Bajos en los Juegos Olímpicos de Amberes.

TELMO ZARRA

Gol y Zarra van de la mano. 'Telmito el miedoso', como decía Zarra que le llamaban cuando era niño en Asúa, es leyenda en el fútbol español. Tiene plaza como decano en el Salón de la Fama del Fútbol de FIFA, es goleador icónico en la Liga y en el panorama internacional siempre quedará como el delantero que marcó el gol de la victoria de España ante Inglaterra en Maracaná, con motivo del Mundial de Brasil de 1950.

Telmo Zarraonandia Montoya (1921-2006) jugó 354 partidos con el Athletic y firmó 335 goles. Con España participó en 20 partidos y consiguió otros 20 goles. Son datos de un maestro del área. En la temporada 50-51 hizo 38 goles, que fue récord de LaLiga en un mismo campeonato hasta que igualó registro Hugo Sánchez en el curso 89-90.

Disfrutaba de un extraordinario remate de cabeza. «La de Zarra es la cabeza más importante de Europa por detrás de Churchill», decían de Telmito el miedoso. Bien pudo haber escrito un tratado del gol y sus caminos. Entre defensas potentes y sin compasión a la hora de atizar, fue un escapista porque para evitar patadas se alejaba de los zagueros y proponía desmarques que luego se hicieron usuales.

Tuvo una carrera esplendorosa en un Athletic con una delantera de escándalo. Acompañado de Iriondo, Venancio, Panizo y Gainza logró una liga y 5 copas con la camiseta rojiblanca. En sus 15 temporadas en el club fue seis veces máximo goleador de LaLiga.

El homenaje que tenía firmado en su contrato no se dio en el momento y tuvo que esperar hasta 1997, cuando después de un encuentro casual con José María Arrate, entonces presidente de la entidad, hablaron del asunto y la directiva lo tuvo muy en cuenta. Le honraron en un amistoso de agosto entre el Athletic y un combinado de jugadores de LaLiga que dirigió Javier Clemente. Entre los invitados de fuera de Bilbao, Ladislao Kubala, Alfredo Di Stéfano y Bert Williams, el portero de Inglaterra al que Zarra marcó en el Mundial de Brasil.

En su extensa carrera solo fue expulsado en una ocasión. Y Zarra, cada vez que tuvo oportunidad, expresaba que fue sin motivo, por un malentendido con Pedro Escartín, que fue el árbitro que le mostró la tarjeta roja en la final de Copa de 1945 contra el Valencia. Escartín, hombre renacentista en un fútbol en el que se manejó como futbolista, entrenador, árbitro, periodista y escritor, quedará como el único que expulsó a Zarra. «Hubo un barullo con el juego parado. Álvaro estaba en el suelo y un compañero me dijo en broma que lo pisase. Yo hice el gesto, pero si ningún ánimo de llevarlo a cabo era por seguir la broma, sin más, pero Escartín, que no estaba al tanto de la conversación, vio el gesto y me mandó al vestuario», explicaba Zarra.

El caso es que la dulzura de la anécdota pudo tener detrás algo más. Una fotografía de la Agencia EFE en aquella la final ofrece la imagen de Álvaro y Zarra separados en un momento del partido por varios integrantes del banquillo. En el caso de Zarra, el que trata de llevárselo es el entrenador Juan Urkizu.

Zarra fue un genio. Y como muchos de los grandes genios acabó discutido. ¿O alguien se cree que la crítica de la grada iba a dejar libre a un futbolista de leyenda? En sus dos últimas temporadas en el club no jugó más que 11 partidos de liga y aunque marcó 5 goles —que es un promedio que ahora firmaría cualquier delantero pagando lo que fuera por conseguirlo— en las tribunas hubo cuchicheos.

Zarra, que en su carrera había sufrido todo tipo de lesiones: de rodilla, hombro y clavícula, decidió que era el momento de dejarlo. Puso fin a su relación con el fútbol después de jugar dos años más de manera desinteresada con Indautxu y Barakaldo, que fue el primer club que quiso ficharle. Se apartó al cumplir los 36 años, aunque todavía hubo ocasión de verle en partidos benéficos que enfrentaban a veteranos de distintos clubes.

El delantero del Athletic integra el cuadro de honor de los ferroviarios del País Vasco. Y es que Zarra, además de futbolista, trabajó en el sector hasta sus primeros años de futbolista en el Athletic. Hijo y nieto de ferroviarios, Telmo nació en la estación de Asúa, que es donde su padre trabajaba como factor.

En las campas cercanas a la estación Zarra empezó a jugar al fútbol. Era el séptimo de 10 hermanos y Tomás jugaba en el Arenas. Domingo también era futbolista, pero murió poco después de la Guerra Civil. El balón gustaba entre los hermanos Zarra, no así a su padre, que nunca mostró demasiado interés en las deportivas inquietudes de sus hijos porque no era aficionado.

Telmo Zarra, que empezó a despuntar en el Erandio, siguió pronto la tradición ferroviaria familiar y con 15 años entró en la disciplina como guardafrenos para años más tarde progresar a interventor y factor.

El Athletic le fichó después de verle en un amistoso entre Bizkaia y Gipuzkoa en el que Zarra hizo 7 de los 9 goles vizcaínos. La contratación tuvo su cosa porque la llamada del club rojiblanco llegó días después que la del Barakaldo, con el que

Zarra e Iriondo, ya retirados y entrados en edad, jugueteando
con unas guitarras tras una celebración.

en principio ya se había comprometido para el curso 40-41. La negociación para salir indemne la llevó su hermano Tomás. Zarra nunca olvidó el gesto del club gualdinegro, al que eligió para terminar su carrera en señal de agradecimiento.

Los primeros meses de Zarra en el Athletic fueron combinados con su trabajo en el tren, que el fútbol todavía no le ofrecía la estabilidad que sí le daba su tarea ferroviaria. Así que en muchas ocasiones el mismo día del partido de San Mamés se le podía ver haciendo su cometido en la línea que iba a Bilbao para, al llegar a San Nicolás echar una carrera hasta el trolebús, donde coincidía con aficionados a los que luego tendría animando en San Mamés.

En el trole no hacía colas porque siempre le dejaban pasar para que llegase con tiempo. Era Zarra y en el campo dejó claro que era un futbolista singular desde el inicio.

Tardó tres partidos en celebrar su primer gol en La Catedral, un doblete en el empate ante el Oviedo después de que los leones no hiciesen ningún gol en los duelos anteriores ante Atlético y Zaragoza. La hinchada tenía ganas de ver en acción al debutante, más todavía porque en el primer partido de la 40-41, en la visita al Valencia, Zarra había conseguido dos goles en solo 21 minutos. El último de sus goles con el Athletic, sin saber entonces que quedaría para siempre como el corolario de su carrera, lo consiguió en San Mamés el 26 de septiembre de 1954 en un empate (2-2) con el Celta. Zarra, jugando ese día al lado de Arieta, Maguregi y Artetxe, hizo el 1-0 a los 18 minutos de juego. Acertar con la portería en su última diana le llevó un minuto más de lo que le había costado marcar al Valencia el 29 de septiembre de 1940.

GONZALO BEITIA

Dos fueron las temporadas en el primer equipo que disfrutó Gonzalo Beitia (Sestao, 1937). Pudieron haber sido tres, pero entremedio de las dos, en el curso 1958-59, le tocó jugar para el Ceuta, que fue la localidad que le asignaron para el servicio militar. Que por allí le cogiera la mili dice mucho de su juventud. Era un fino extremo que articulaba con ambas piernas y que mostraba una especial dedicación para el fútbol de toque.

El prometedor jugador formó parte del traspaso al Barcelona de Jesús Garay. El Athletic subió el precio por el central internacional y el Barça pidió que incluyesen en el lote al joven futbolista que esa última temporada había marcado un *hat-trick* al Atlético. Beitia jugó una temporada en el Barcelona, después firmó por el Tenerife y de allí se fue al Atlético, donde no alcanzó los 10 partidos. Los tres últimos años de una carrera que despidió a los 30 años de edad los jugó para el Constancia balear, en Segunda División, y el Salamanca, este en Tercera.

No es el león que más partidos ha disputado con el Athletic, ni el que más títulos tiene, ni el que más goles ha marcado. Pero Gonzalo Díaz Beitia —aunque son muy pocos los que le pueden conocer por Gonzalo Díaz— tuvo influencia y determinación en el desarrollo de los jugadores que siguieron a partir de la apertura de Lezama 50 años atrás.

Beitia fue empleado de Lezama durante 40 años. Gonzalo consagró su vida al trabajo de cantera. A veces despistaba su gesto adusto, pero detrás se escondía un tipo amable, cordial y de extrema dedicación a una pasión que contagiaba. Entró en el club todavía sin inaugurarse Lezama y formó parte del exiguo cuerpo técnico que tuvo el primer *staff* del complejo deportivo, en el que apenas había cuatro entrenadores al margen del primer equipo. Las primeras pruebas de captación y sus consiguientes cribas dependieron en buena medida del ojo de Gonzalo, que hasta que dejó la institución siempre fue un tipo respetado.

Todavía hoy en día, cuando víctima de una enfermedad está apartado de la vida social alrededor del club, los que hablan de Beitia lo hacen con admiración. Entre ellos está Manu Sarabia, integrante del último campeón de Liga y Copa con el Athletic. Beitia se encargó de organizarle entrenamientos personalizados para mejorar el golpeo, el control y el uso de las dos piernas. «Gonzalo ha sido el mejor entrenador que he tenido. Le guardo un cariño especial porque fue una persona clave para mí en una edad fundamental para el desarrollo», contó el exfutbolista años después en una entrevista. Con el tiempo, Gonzalo estuvo igual de pendiente con Fran Yeste. Dos jugadorazos. En su currículum también cabe que tuvo ojo para situar a Andoni Goiko de central cuando el de Alonsotegui había fichado por el Athletic como interior izquierdo.

Los 40 años como entrenador de la institución le dieron para un amplio abanico de cometidos. Con Lezama ya en marcha, Beitia fue integrante del cuerpo técnico del primer equipo en varias temporadas. Acompañaba al entrenador principal y al equipo en los entrenamientos matinales para luego, por las tardes, ocuparse de sus tareas con el equipo juvenil o los entrenamientos personalizados que realizaba para varios jugadores a partir de las necesidades o urgencias que requería cada uno. El responsable del rendimiento y desarrollo tan ponderado en la actualidad en los cuerpos técnicos de vanguardia respondía en los años 70, 80 y 90 al nombre de Beitia.

El desgaste físico, que no la pasión, le fueron sacando de la tarea diaria a pie de campo para incluirle entre los técnicos de despacho. Entre sus cometidos, el análisis de los rivales del primer equipo. Los hacía detallados y repletos de curiosidades. Viajaba al campo en cuestión y ocupaba la localidad

Una lesión truncó la carrera de Gonzalo Beitia, que antes había jugado en el Athletic, FC Barcelona y Atlético de Madrid.

reservada con un cuaderno de notas en el que registraba movimientos defensivos, ofensivos, estrategias de saque de banda, opciones a balón parado, funcionalidades del futbolista... Era un *mediacoach* analógico, pero terriblemente efectivo. De vuelta a Lezama compilaba los datos en una redacción de fácil comprensión que el técnico del primer equipo utilizaba para preparar el partido de la semana, incluyendo en ello la charla táctica. Era lo habitual. Hasta que una tarde Luis Fernández se saltó el guion y pidió a Beitia que fuera él quien se dirigiese a los futbolistas.

El fútbol ha envuelto su trayectoria de vida. Gontzal, su hijo, mantiene la relación de la familia con la entidad al ser uno de los médicos del club. Tampoco le pega mal al balón, pero es mucho más eficiente y aplicado en su labor de facultativo. El Ayuntamiento de Getxo, lugar de residencia de la familia Beitia, premió a Gonzalo por su trayectoria en los Getxo Kirol Sariak 2020 con el distintivo de Aitzindaria (Leyenda) y el entrenador estuvo rodeado de excompañeros y pupilos.

RONNIE ALLEN

«Con Pirri y Amancio el Athletic sería campeón todos los años». Ahí es nada. Es una frase de autor. Con nombres y apellidos. Los de Ronald 'Ronnie' Allen (1929-2001), entrenador del Athletic entre julio de 1969 y noviembre de 1971.

No alcanzó los 100 partidos oficiales en el Athletic, pero sí dejó un inolvidable recuerdo, estuvo a punto de ganar una liga, que el equipo dejó marchar por tres malos resultados consecutivos a domicilio.

Ronnie Allen cumplió el cometido que le habían encargado: dar un giro hacia la profesionalización del área deportiva a partir de la experiencia de los clubes ingleses. Lo hizo a conciencia, después de haber observado las rutinas de la entidad durante los últimos meses de la campaña 68-69, que ya vivió en Bilbao al más puro estilo de los mánager de los clubes de la Premier. Ronnie hizo un análisis de situación y tomó decisiones —algunas escocieron— en su afán por britanizar la entidad. «El Athletic es como una gran familia, pero como club tiene que ser más profesional», fue otra de sus recordadas frases.

El sexto entrenador británico en ordenar al equipo y el primer extranjero en sentarse en el banquillo después de 9 años consecutivos con técnicos de casa nacidos en Ortuella, Basauri, Galdakao, Plentzia y Gernika, que es lo mismo que decir que en 50 kilómetros a la redonda, firmó por el Athletic en un momento de urgencia. El club estaba de mudanza.

En octubre de 1968 Rafa Iriondo había sustituido como entrenador a Piru Gainza porque el Athletic no terminaba de arrancar en la liga y en diciembre de ese mismo año el presidente Julio Eguskiza falleció en accidente de tráfico. Félix Oraá accedió a la presidencia y uno de sus cometidos iniciales fue apostar

Ronnie Allen dio un nuevo aire al fútbol del
Athletic y él no dejó de jugar al golf.

por un mánager británico. Echó el ojo a Tom Docherty y terminó firmando a Ronnie Allen. El primero, que había desempeñado su labor de dirección en Chelsea y Queens Park Rangers, se comprometió con el Athletic, aunque antes de volar a Bilbao aceptó una propuesta del Aston Villa. Entonces, Oraá tiró por Ronnie Allen, con pasado en West Bromwich Albion, donde sigue siendo un icono sobre todo por su carrera como jugador, y Wolverhampton.

Ronnie Allen dio pronto el sí y viajó a Bilbao de inmediato con el objetivo de conocer el club y empezar a tomar decisiones. No se sentó en el banquillo, que siguió siendo para Iriondo, pero asistía a entrenamientos, hacía vida cerca de los futbolistas, tenía relación diaria con los responsables de la institución y era uno más en la expedición rojiblanca cuando había partidos lejos de San Mamés.

Los jugadores empezaban a tratarle porque poco a poco se iba soltando en ese castellano tan característico en los ingleses y cuentan que Iriondo no escondía ciertos celos profesionales por lo que allí se estaba gestando.

Allen celebró la Copa de 1969, que algunos consideran un título suyo en la sombra. Cuentan los que vivieron esa etapa en la entidad que después de que el Athletic que entrenaba Iriondo ganase la copa, el club propuso al entrenador seguir en la dirección del equipo, si bien el mánager y las grandes decisiones recaerían en Allen, quien estaba dispuesto a adoptar en el club un modelo que era ya común en el fútbol británico. Solo la negativa de Iriondo hizo que Ronnie Allen se convirtiera en entrenador de campo además de mánager.

El entrenador de Fenton desarrolló el trabajo para el que le habían contratado, aunque el tránsito hacia ello le costó más de un disgusto. Por ejemplo, el día de la presentación de la primera plantilla tuvo enfrente y de uñas a toda la prensa. Ronnie les cortó el grifo. No quería más periodistas en las puertas de los vestuarios. San Mamés dejaba de ser un lugar habitual de periodistas, que quedarían para los días de partidos.

El técnico estaba por hacer más de un entrenamiento a puerta cerrada y eso de que los periodistas llamasen a los jugadores...

eso quedaba para otro tiempo. «Tienen mi teléfono. Llámenme a mí y hablaremos. Con los jugadores no será posible».

Aquello fue interpretado en el momento como una declaración de guerra porque cortaba un intercambio tradicional de pareceres. Fue un adelantado porque años después esa rutina se empapó en el resto de clubes, pero en ese final del verano de 1969, con el Athletic recién proclamado campeón de Copa, nadie lo entendía. Puede que sí los aficionados, que en muchas oportunidades consideran de los suyos al que mete en vereda a los periodistas.

Oraá tuvo que tragar con las decisiones de Allen y trató de calmar a los críticos cruzando los dedos porque el campeonato trajera buenos resultados en forma de bálsamo. Así fue. El Athletic estuvo a un paso de ganar su primera liga en 14 años. Ronnie Allen propuso un fútbol intenso, muy del estilo británico, acomodado en un 4-4-2 con los extremos jugando al modo de Inglaterra en 1966, con largo recorrido y partiendo de posiciones retrasadas. Se quedaron a un suspiro de ser campeones.

La siguiente temporada, la segunda de Ronnie en el banquillo, el equipo fue quinto, con menos *glamour* que en las vísperas. Perdió su estrella y aparecieron las primeras divisiones, aunque no en la caseta, donde los jugadores entendían bien lo que quería Ronnie Allen.

El tercer curso fue un aleteo de mariposa. Que el baile no era bueno se sintió desde una pretemporada en la que el Athletic solo fue capaz de ganar un partido. La liga mantuvo el tono. Se perdieron cuatro partidos seguidos ante Las Palmas, Sporting, Atlético y Betis antes de una victoria ante el Celta. Ese triunfo fue espumoso y ficticio porque después llegaron dos empates y una derrota. Unido ello a que el Athletic se despidió de Europa ante el Eintracht Braunchsweig, el contrato de Ronnie Allen se cerró de manera precipitada y el mánager regresó a Inglaterra.

El técnico y el club mantuvieron relación y en agosto de 2001, un par de meses después de su fallecimiento, West Bromwich Albion y Athletic aprovecharon el enfrentamiento que tenían pactado como primer amistoso de la gira inglesa de los leones, para realizar un homenaje a Ronnie.

KOLDO AGUIRRE

Entrañable, ameno, irónico, jugoso. Y de Sondika. Nunca se despegó de su lugar natal. Koldo Aguirre (1939-2019) es una de esas personas con varios epígrafes en los cuadernos de historia. En su caso tiene hueco de futbolista, entrenador, responsable de Lezama, embajador del club, compañero, tremendo tertuliano… Ponga de apellido lo que más le guste para este singular hombre que vivió 80 años pletóricos de pasión.

Ganó dos títulos de Copa como futbolista, fue subcampeón de UEFA y Copa como entrenador y ayudó al Athletic a ganar la Liga de 1983 porque el Valencia que entrenaba pudo con el Real Madrid que dirigía Di Stéfano y permitió que el Athletic fuese campeón al ganar a Las Palmas. Ese día el Valencia salvó la categoría. Koldo le había vuelto a romper el sueño a Di Stéfano. La primera vez fue en el campo, los dos como futbolistas, en la final de los 11 aldeanos.

Koldo llegó joven al Athletic procedente del Getxo, que fue el primer club que le sacó de Sondika siendo todavía un adolescente. Hasta que fue a jugar al club de Fadura sus correrías futbolísticas se ceñían a los duelos que en Sondika disputaban los equipos de La Herrería y La Estación. Koldo era *alma mater* de La Herrería. Fino y astuto con el balón. Los mejores jugadores de los dos equipos se juntaron para jugar como Sondika en un campeonato social y un directivo del Getxo estuvo rápido para proponerle jugar con el equipo senior de su club. Koldo, atrevido, dijo que sí. Se comprometió incluso antes de contar en su casa que se iba a jugar con el Getxo.

Adolescente en un campo de mayores, llamó pronto la atención del Athletic, que al poco de cumplir los 18 le citó en Bertendona para ofrecerle un contrato tipo por cinco temporadas, con una revisión al finalizar la tercera. Los dos primeros el sueldo era de 70.000 pesetas más mensualidades de 5000. El tercer año habría un incremento hasta las 125.000 pesetas de ficha para los que siguieran adelante. Koldo, que era de los buenos, recibió el incremento en la segunda temporada. Los gestores del club no estaban por dejar pasar a aquel centrocampista con recorrido y extraordinaria visión de juego.

Entró en el primer equipo en clave de ganador porque sin llegar a los 10 partidos como león tuvo oportunidad de participar en la final de Copa de 1958 con el Real Madrid en el Bernabéu. Era uno de los 11 aldeanos. El más joven. No se arrugaba nunca, aunque ese día dijo que sintió nervios por vez primera. No se engañen, que no fue por la envergadura del partido. A Koldo le sacaba de quicio que desde el presidente al último directivo pasasen por el vestuario a interesarse por cómo llevaba los nervios el chico más joven del equipo. Tanto paseo y tanto interés terminó por alterarle hasta el punto de que pidió al entrenador y a sus compañeros que no dejasen pasar a nadie al vestuario.

Ganó aquella copa sin arrugarse. Ya por entonces se veía que el buen juego de los leones calaba de lleno en el guion futbolístico de Koldo. Ese gusto por el balón le cobró alguna mala pasada. Años más tarde, sin el esplendor del triunfo y con el equipo en mitad de una transición, el juego del Athletic no era tan brillante como el que vivió Koldo en sus inicios. La urgencia hacía que el balón corriese demasiado y en más ocasiones de las deseadas lo hiciese en vuelos sin motor desde la defensa hasta la delantera. En una de esas ocasiones el insigne Koldo hizo el gesto de tirar con escopeta, a ver si desde el centro del campo era capaz de matar aquel balón. No gustó ni al entrenador ni a la directiva, que terminaron por multarle.

Koldo Aguirre debutó en el primer equipo con solo 18 años.

El bueno de Koldo Aguirre es partícipe de una curiosa anécdota en una eliminatoria de Copa de Ferias 1966-67 frente al Liverpool que los leones ganaron por el color de una moneda lanzada por el árbitro, ya que por entonces las eliminatorias no se decidían por penaltis. Hay dos versiones distintas del hecho en sí, pero ambas son igual de simpáticas. Una de ellas es la que contó Koldo en más de una entrevista. «Hicimos el mismo resultado que en Bilbao y en la prórroga no hubo goles. No había desempate ni se tiraban penaltis. Nos los jugamos a cara y cruz en Anfield. Yo no sabía inglés. Bajó el presidente Javier Prado y hablaron. Le pregunté a ver lo que había elegido y me dijo que azul. El árbitro tiró la moneda y salió rojo. Pensé: adiós, hemos perdido, pero no. Habían hablado de que la primera vez se tiraba para tener la preferencia de elegir color. Eligió el capitán del Liverpool. Salió nuestro color. Todos los compañeros se enteraron de que habíamos ganado por el salto que di».

La otra lleva la firma de José Ángel Iribar, gran amigo de Koldo Aguirre, y la expresó en el número de enero de 2019 de la revista *Jot Down*. «Empatamos, jugamos prórroga y pensábamos que habría penaltis, pero el árbitro que no, que a moneda. Fue ahí Koldo Aguirre y eligió el rojo. Entonces el capitán del Liverpool se puso terco. 'No, no los *reds* somos nosotros'. Quería el rojo y Koldo le dijo: 'Pues el rojo, para ti'. ¡Y salió azul! Pasamos la eliminatoria».

El Real Madrid tocó dos veces a su puerta, pero nunca hizo por salir de Bilbao de manera apresurada ni antes de tiempo. Terminó su carrera como león disfrutando de la generación que venía con Fidel Uriarte, Txetxu Rojo, Clemente y con una mala experiencia personal porque su hermano era víctima de una grave enfermedad. Fichó por el Sabadell, aunque apenas intervino porque su hermano empeoró y murió.

Extendió su vida profesional a los banquillos y después de esta tuvo experiencia en Lezama y como embajador del club, con una especial atención a las peñas. Los que le conocimos en esa última faceta de embajador pudimos disfrutar de su fácil charla porque era habitual en tertulias periodísticas, con predilección para Radio Bilbao. «No digas que ha jugado, di que ha salido, jugar, jugaba yo». Un genio.

JOSÉ ÁNGEL IRIBAR

El 1. Dorsal mítico en el Athletic. Es verlo e imaginar a Iribar. El recordado Eduardo Rodrigálvarez, que tenía tan buen acierto sobre el papel como en la conversación, siempre defendía que al hablar de Iribar, don José Ángel Iribar Kortajarena, había que ponerse en pie. Lo hacía, vaya si lo hacía.

Iribar, de Zarautz, es el portero icónico del Athletic. También el jugador que más partidos ha disputado con la rojiblanca. Fueron 614 repartidos en 18 temporadas. Ganó dos títulos de Copa y un trofeo Zamora. Fue 49 veces internacional con España, un récord que duró largo tiempo, y jugó con la de Europa en uno de los pocos partidos que en su época se organizaban a nivel mundial. Admirado en el Athletic y fuera de él. No hay lugar de los que visita acompañando a la institución, bien con el primer equipo o con algún acto institucional, en los que no sea reconocido y venerado. Campeón de Europa en la primera Eurocopa que ganó España, Iribar fue el portero de muchos durante muchos años.

En un fútbol diferente al de ahora los niños de los 70 que queríamos ser porteros nos pedíamos un jersey negro —el mío fue gracias a mis abuelos que por algo tenían un taller de punto— porque era el color de Iribar. Es más, todavía en estos años al niño que se sitúa como portero se le tilda como Chopo, que fue el mote más acertado que tuvo Iribar. «Es largo como un chopo», dijeron de él cuando hizo una prueba con el Basconia, que fue su puerta al Athletic. Iribar, don José Ángel Iribar Kortajarena, es ilusión en Lezama, donde acude diariamente… salvo que la salud diga lo contrario.

Acoge a entrenadores e inspira a futbolistas. No hay integrante de la primera plantilla que no le vea con tanta ilusión como admiración. Le llaman Ángel, que para algo son de casa. Ángel lo es todo en la institución.

Iribar vino al mundo en un caserío de Zarautz. El caserío era trabajado por su abuelo, pero hubo un tiempo que pasó a ser de la familia porque el dueño para el que trabajaba se lo entregó en propiedad. Ángel se curtió como adolescente entre simientes, siegas y recogidas. También tenía tiempo para jugar al frontón, aunque lo que más le gustaba era el fútbol. Disfrutaba en la playa de Zarautz, con unas bajamares espectaculares que dejaban aquello como el mejor estadio del mundo. Sus primeros vuelos fueron en esa arena. Los siguientes en el campo del Basconia, que fue el primer club de importancia en su carrera. Fichó en la temporada 61-62 por el buen ojo de Piru Gainza, al que habría que clonar por todos los buenos consejos que dio a los que tenían que contratar jugadores. Siempre acertaba.

Ángel dejó una tarde Zarautz acompañado de un directivo del Basconia para hacer una prueba en un partido preparado para ver jugadores susceptibles de ser fichados. La referencia de Iribar era muy buena, pero había que probarlo. Le tiraron un par de balones, que detuvo sin problemas. No fue nada espectacular, la verdad, aunque Piru Gainza se acercó a los directivos para decir que ficharan al espigado portero. ¿Por qué? Porque le había llamado la atención su manera de lanzar el balón en largo con la mano fue uno de los motivos. ¡Cuántos

Histórica imagen de Iribar con una parada de postal en Lezama.

goles marcó el Athletic con jugadas que arrancaban en un saque de mano del Chopo!

Fichado por el Basconia, el primogénito de los Iribar Kortajarena recibió el permiso familiar para intentar hacer camino en el fútbol. El chico estaba encantado porque por ese tiempo había empezado a trabajar como tornero. Y no era ni de los buenos ni la profesión le apasionaba. En casa le dieron un año. Si para entonces no había recorrido visible, lo mejor era volver a Zarautz y asentarse en otro tipo de tarea. Apenas medio mes después de esa decisión Iribar fue protagonista en una eliminatoria de Copa entre Basconia y Atlético, que ganaron los basauritarras.

El siguiente cruce fue con el Barcelona, que metió 10 al Basconia porque estuvo Iribar en la portería. Con cualquier otro, tal vez hasta jugando con dos porteros, les habrían metido 20. Esa misma noche el Barcelona hizo una oferta de tres millones de pesetas por el portero. El presidente del Basconia se negó y de la misma llamó al Athletic, con el que había una extraordinaria relación: el Athletic le cedía promesas y el Basconia no tenía reparo en que los que de su club fuesen al club rojiblanco lo hiciesen sin necesidad de traspaso. Esa vez se lo saltaron y pactaron una operación por un millón de pesetas.

Iribar dio el relevo a Carmelo. Entró en el equipo por lesión del segundo al poco de comenzar la Liga 62-63, en la que apenas tuvo muchos más partidos. A partir de ahí se hizo insustituible tanto en el Athletic como en la selección, con la que alcanzó los 49 partidos, que era récord de la época. El Athletic organizó un homenaje por el récord y entre los invitados estaban Zamora y Yashin, que eran mitos para el Chopo. Con Yashin la Araña Negra, que fue su rival en la final de la Eurocopa ganada por España en 1964, tenía una relación especial. Le pidió la camiseta tras la final de la Eurocopa —técnicamente lo hizo un compañero porque Ángel era tímido— y el ruso no tuvo inconveniente en dársela.

Iribar visitó la tumba de Yashin en 2012 coincidiendo con un partido europeo del Athletic en Moscú. La iniciativa la tuvieron Nika Cuenca y Juan Flor, periodista y fotógrafo del Diario *AS* en aquellos años, que sabían de la importancia que tenía

Yashin para Iribar. Lo que no imaginaron es que frente a la tumba de la Araña Negra en el cementerio de Vagankovskaya al Chopo se le escaparon lágrimas de emoción. «Tengo los pelos de punta, vengo aquí en representación de todos los porteros. Es el número uno. Ha sido una buena idea visitarle», dijo entonces Iribar.

Le faltó ganar una liga, que disfrutó ya como entrenador de porteros a los pocos años de retirarse a causa de una hernia discal que a sus 37 años le hacía imposible hasta atarse los cordones de los zapatos, pero siempre disfrutó del Athletic. Incluso era héroe en las derrotas.

El cántico de 'Iribar, Iribar, Iribar es cojonudo' se gestó a partir de una final de copa perdida por el Athletic, en la que el portero había hecho un partido soberbio. El Real Madrid quiso ficharle y Luis de Carlos trasladó una propuesta al Athletic, que Iribar pidió no atender porque quería seguir en Bilbao. Para siempre en el Athletic. Iribar tuvo un partido homenaje y lo hizo a su manera: quiso jugarlo contra la Real Sociedad, el vecino rival, jugadores con los que se habían reunido en más de una oportunidad en comidas para limar asperezas y ensalzar el valor de los derbis. La recaudación de ese encuentro, entre otras cosas, dio para editar un diccionario con términos deportivos en euskera-castellano-francés.

La genialidad le convirtió en mito. Y alrededor de su persona se cocieron infinidad de historias. Una de ellas la han tenido presente varias generaciones de futbolistas cuando en el viejo edificio de Lezama se topaban con una foto inmensa de Iribar lanzándose de palo a palo para despejar un balón durante un entrenamiento.

Vestía chándal de algodón, de esos que si se mojaban pesaban más que un ejercicio con balón medicinal, y se estiraba para detener un balón que había lanzado desde lo alto de una escalera un auxiliar del fotógrafo. La imagen vale oro puesto que capta una esencia brutal del guardameta gracias a la pericia del fotógrafo, desasistido entonces de cámaras automáticas. Lo de lanzarle el balón desde una escalera era parte del *atrezzo* porque así la pelota iba donde tenía y ahorraba varias estiradas al portero.

Lo que no pudo hacer el autor de la imagen fue borrar de la misma a dos personas que seguían la acción detrás de la portería. Los años han trasladado que uno de los dos observadores fue despedido de su trabajo porque sus jefes no entendieron bien qué hacía el tipo en Lezama un día de labor viendo entrenar al Athletic. Los años también han añadido que el trabajador despedido pertenecía a El Corte Inglés, que había abierto sede en Bilbao en 1969.

Deténgase en la fotografía para tratar de familiarizarse con los dos sujetos que están detrás de Iribar. ¿No es uno de ellos clavado a Valerón?

IÑAKI SÁEZ

El apodo de Iñaki Sáez, al que se le conoce por Jaburu, viene de Brasil. Le llaman así por Jorge Sousa Matos, Jaburu, delantero del Oporto que en el curso 56-57 se enfrentó al Athletic y marcó un gol en una eliminatoria que sacaron adelante los rojiblancos. El Jaburu del Oporto era un velocísimo y bravo extremo de color negro.

Entonces Iñaki Sáez todavía era un niño que estaba a punto de ingresar en el Unión Sport San Vicente, de allí pasar al Barakaldo y al comienzo de los 60 fichar por el Athletic. Iñaki, que arrancó carrera como extremo, se acomodó pronto al lateral derecho, del que hizo profesión y llegó a ser tres veces internacional.

El recuerdo del Jaburu que visitó años antes San Mamés y la tez morena de Iñaki hicieron que le apodasen Jaburu, que fue sobrenombre durante años en la vida deportiva y en la real. De hecho, Iñaki montó un negocio familiar fácil de reconocer por todos. Muebles Jaburu, se llamaba.

Iñaki fue futbolista de convicción y capacidad, pero no fue lo único que hizo. El bilbaíno se aplicó en los estudios, adquiriendo formación hasta cursar una ingeniería. En su etapa del preuniversitario coincidió en el instituto con José Antonio Ardanza, Lehendakari del Gobierno Vasco entre 1985 y 1999, si bien no compartieron demasiado porque Ardanza era algo mayor y estudiaba letras, lo que limitaba también que compartiesen materias. El orden de los estudios lo combinó en otros aspectos de una vida acostumbrada al orden y alejada de alharacas.

Disciplinado, a la vez que enérgico, Sáez tuvo largo recorrido para todos sus entrenadores. Piru le situó en el lateral derecho en el que luego le mantuvieron Iriondo, Ronnie Allen y Pavic. Jaburu, que en este tercer tiempo de su vida pasa largas estancias en tierras canarias acompañado de una de las buenas amistades forjadas años atrás, tiene varias anécdotas sobre su etapa de futbolista.

Narrado por el protagonista: «En un derbi con la Real en el viejo Atocha tenía que marcar a Boronat, que era un *panzer* al que, con el campo pesado, era difícil aguantar. En la segunda parte. Ronnie Allen, nuestro entrenador me dijo que le pegara una patada nada más empezar porque a los tres minutos no echan a nadie. Le di y Marco se fue contra la valla. Tuvo que entrar en el vestuario y me preocupó. Cinco minutos después Marco regresó al campo y de la misma le pregunté qué había pasado y si estaba bien. Me respondió que si había tardado es porque había perdido una lentilla… Jugó como siempre y nos ganaron».

Iñaki Sáez en una de sus clásicas carreras por la banda.

Dejó el juego del balón como debe hacerse, participando en 31 partidos de liga de la temporada y en 6 más entre copa y recopa. Buenos números para alguien que dice adiós. El verano anterior celebró como capitán el título de Copa ganado al Castellón. Los triunfos y los festejos tras los campeonatos de Copa de 1969 y 1973 los tuvo siempre grabados en su recuerdo.

Habló de ellos cuando fue nombrado seleccionador español: «Gané dos copas en el Athletic. Cuando volvíamos a Bilbao nos paraban en Orduña y nos metían en una camioneta. Las abuelas salían con el pañuelito a saludarnos por el camino. Es una imagen que se te queda grabada para toda la vida y luego se lo cuentas a los jóvenes. Eso sí si pierdes una final es como si te pasa un camión por encima».

Querido por los compañeros, Sáez mantuvo una especial relación con Iribar, con el que participó en más de una acción de defensa del vestuario frente a decisiones que consideraban no acertadas de la junta directiva, y nunca ocultó un cariño especial hacia Txetxu Rojo, con el que compartió 9 años de carrera en el primer equipo. Jaburu encontraba en Txetxu a un genio del balón. La buena relación con Rojo se extendió a las familias y en casa de Sáez ha existido gran consideración hacia Txetxu.

Nunca se pudieron medir en un partido oficial, se cruzaron en más de una oportunidad en acciones de entrenamiento.

Sáez es ejemplo de cómo es un jugador del club. Militó en el primer equipo del Athletic durante 13 temporadas, acumuló 338 partidos y disfrutó de dos títulos de Copa (1969 y 1973). Nada más dejar el fútbol como jugador desarrolló una faceta de técnico que se extendió hasta ser primer entrenador de la selección española después de haber cosechado éxitos —entre ellos un Mundial sub20 en Nigeria con jugadores como Casillas, Xabi y Aranzubia entre otros— con las categorías inferiores.

En aquel difícil mundial de la FIFA sub20 en Nigeria, Iñaki Sáez llegó con una duda que le costaba resolver, dos porteros de excelente calidad: Iker Casillas y Dani Aranzubia. Quizás fuera la condición de católico practicante la que le dio la idea. Jugaría un partido de titular cada uno. La suerte quiso que Dani Aranzubia fuera el que debutaría, pero el hecho de llegar a la final, que a la postre ganaron, hizo que fuera Iker Casillas el que jugara en Lagos frente a Japón.

En Lezama fue responsable de varios equipos, coordinador general de Lezama y apagafuegos en el primer equipo, con tres etapas diferentes en los banquillos. La figuraba que encarnaba como entrenador tuvo una importancia vital en el desarrollo de cantera del Athletic porque además de estar muy relacionado con los procesos de formación de cada uno de los jugadores, otorgaba al club la opción de tener en la recámara a un entrenador con posibilidades de hacerse cargo del primer equipo.

La idea se extendió más adelante con otros coordinadores de los procesos formativos, que terminaron ocupándose del banquillo del primer equipo, y en los años más recientes el Athletic que presidía Urrutia tuvo el relevo en el banquillo del Bilbao Athletic, que fue por donde pasaron José Ángel 'Cuco' Ziganda y Gaizka Garitano.

JAVIER CLEMENTE

La genialidad no abunda en el fútbol. Todos los que se visten de corto tienen algo, que si no sería imposible verlos en Primera División, pero que ese algo te haga especial pertenece a muy pocos.

Javier Clemente era uno de esos futbolistas especiales. Tenía una estrella dentro. Le llamaban Bobby Charlton. Por algo sería.

La historia del Clemente futbolista es reducida en el tiempo porque no alcanza ni 70 partidos.

Su carrera en el fútbol se truncó a partir de una grave lesión en la pierna izquierda que casi le deja cojo: una rotura de tibia y peroné que se complicó lo indecible. Necesitó de seis operaciones y de varios años en blanco, largas recuperaciones y muchas semanas de muletas para volver a caminar. Varias décadas después el Clemente entrenador fue intervenido en la espalda, quién sabe si esos males también se debían a la vieja lesión en la pierna.

Clemente jugó 62 partidos en el Athletic y marcó 9 goles. Ganó la Copa del 69 formando en el once inicial que ordenó Rafa Iriondo y la del 73 en mitad de una interminable recuperación de la maldita lesión que se produjo el 23 de noviembre de 1969, en un partido como visitante ante el Sabadell. El encuentro entraba en su recta final y Clemente quiso hacer suyo un balón que también quería Marañón. Fidel Uriarte, al que habían sustituido estaba en el banquillo, vio venir el fatal desenlace.

«Salta, salta», gritó desde el banquillo. Marañón impactó contra la pierna izquierda de Clemente, que no saltó. El desenlace fue catastrófico.

Cuenta Clemente que buena parte del daño se debió a que sus tacos se engancharon en el barro y trabaron el normal movimiento de la pierna. «Una entrada mala y mala suerte», empleó en más de una oportunidad para definir la acción. Era su segunda temporada en la élite y ya era considerado un futbolista especial.

Clemente, en 1969, recibe un premio de la prensa vizcaína...
cuatro meses antes de sufrir una grave lesión.

En un primer momento no se reconoció la fractura y avanzaron un tiempo de baja de entre tres o cuatro semanas. Escayolaron el tobillo y la pierna izquierda hasta la rodilla en busca de la mejor puesta a punto posible. La sospecha y constatación de que existía fractura de tibia y peroné alteró los plazos y no volvió hasta tres meses después. Le dio tiempo a participar en los últimos partidos de una temporada que el Athletic estuvo a punto de ganar la liga: le habría bastado un punto en sus visitas a Atocha, Pizjuan y Mestalla para levantar un título que se resistió y voló cuando ya se sentía que pasaría a la vitrina del último campeón de Copa. Clemente ganó esa liga tiempo más tarde, ya como temprano entrenador porque solo contaba 32 años de edad.

El fútbol desde el césped se acabó para Clemente casi sin haber empezado ese 29 de noviembre de 1969. Todavía tuvo ocasión de jugar algún partido más, pero no fue lo mismo. Esa campaña disputó cuatro encuentros más de liga y 12 de liga la siguiente, en la que marcó un gol en la victoria del Bernabéu, pero todo fue al traste el 24 de enero de 1971 con una nueva entrada del paraguayo Ocampos en un Zaragoza-Athletic.

Le atizó en la misma pierna que le había fracturado la entrada de Marañón y que ya había necesitado de un par de intervenciones. La segunda de ellas se debió a una infección contraída en verano, cuando Clemente hizo el servicio militar, a causa de unas botas de caña alta que incidieron en la herida hasta complicarla. El rubio de Barakaldo nunca más volvió a jugar al fútbol con el primer equipo del Athletic, aunque lo trabajó al máximo con una dura rehabilitación para cada una de las cinco intervenciones a las que tuvo que ser sometido.

Dos lesiones en noviembre de 1969 y enero de 1971 fulminaron el ilusionante futbolista que se había creado a partir de los partidos de barrio en la calle —el fútbol de potrero que dirían los argentinos— y que luego se hizo notar en el juvenil del Athletic hasta tener un fulgurante acceso al primer equipo. El menudo Clemente, un zurdo de fácil manejo y determinación, debutó con 18 años en un partido europeo contra el Liverpool. Saltó al campo en el descanso para relevar al lesionado Txetxu Rojo. Ese día jugó de extremo, aunque su puesto era de 10 con

Txetxu tirado a la banda. Y entre los recuerdos de ese día de Clemente está que enfrente tuvo a Chris Lawler, un lateral inglés de largo recorrido que le hizo correr como nunca hasta entonces había corrido, para tapar a un contrario al que apenas pudo poner en aprietos cuando era el Athletic el que tenía el balón.

La lesión de Clemente tuvo un efecto colateral en la historia del Athletic puesto que uno de sus primeros intentos de recuperación se llevó a cabo en Francia, después de haber sido intervenido en Lyon por el doctor Trillard. En una de esas visitas a Clemente, que había comenzado la rehabilitación en el centro deportivo de Vichy, el gerente José Ignacio Zarza dio con Pierre Pibarot, un erudito del fútbol formativo y responsable directo de los centros de alto rendimiento para futbolistas en Francia.

Allí se gestó el germen de lo que quería el Athletic para Lezama.

Clemente se despidió de San Mamés apoyado en unas muletas con un partido homenaje que enfrentó al Athletic con el Borussia Mönchengladbach. «Volveré como entrenador», dijo agradecido. Lo hizo. ¡Y de qué manera!

TXETXU ROJO

Zurdo. Genial. José Francisco Rojo Arroita (28 de enero de 1947-23 de diciembre de 2022) fue dueño de la banda izquierda del Athletic en el periodo entre los tres últimos títulos de liga. Ganó dos copas (1969 y 1973) pero se quedó en puertas de levantar un título de liga. Por contrato le hubiese correspondido, que su relación con el club no finalizara hasta junio de 1983, pero el futbolista rescindió el acuerdo un año antes y se integró como entrenador en las categorías inferiores del club.

Estuvo 17 temporadas en el primer equipo y jugó 541 partidos oficiales con la deseada camiseta rojiblanca. El primero el 26 de septiembre de 1965 frente al Córdoba en San Mamés, formando una línea de ataque que completaron Lavín, Arieta y Fidel Uriarte, y la despedida fue en el Camp Nou el 11 de abril de 1982 al lado de Dani, Sarabia y Argote.

Javier Clemente, que fue su último entrenador, le dio 16 minutos en un partido que iba 2-2 y que los leones jugaban con uno menos por expulsión de Goiko. Solo José Ángel Iribar ha jugado más partidos con el Athletic que Txetxu Rojo, al que en el vestuario rojiblanco se le conocía por 'polvorilla'.

El apodo fue cosa de Fidel Uriarte al poco de que Txetxu subiese al primer equipo con la dirección en el banquillo de Piru Gainza. 'El gamo de Dublín' tenía ojo para los buenos y a Txetxu se lo había echado desde que despuntaba en el Firestone.

Txetxu jugaba como extremo, aunque su fútbol era más de interior que de un tipo que se va por velocidad pegado a la banda. Era un 11 con alma y condiciones de 10. La historia del club ha tenido otros tantos geniales futbolistas que por eso de su genialidad han terminado jugando en la banda más veces que por dentro, que es donde podían verse más cómodos.

Rojo I, llamado así mientras compartió vestuario con su hermano José Ángel, jugaba donde le dijeran y asumía que el fútbol era una bendita profesión. Por eso no se arrugaba a la hora de defenderla. En cierta ocasión, siendo Miroslav Pavic entrenador del Athletic, en una charla del vestuario el técnico yugoslavo habló de salir ahí fuera y «ganar esta guerra». El embate

Una de las imágenes icónicas que dejó Txetxu Rojo durante su carrera.

dialéctico no iba con Txetxu Rojo, que tomó la palabra para decir que «aquí no hay guerras, lo que hay que hacer es jugar mejor al fútbol que ellos y ganar». Palabra de genio. Txetxu creaba un punto de envidia a su alrededor. Es que junto a lo de ser buen futbolista era guapete. Y elegante, que a más de uno fastidiaba más que la belleza, que eso siempre es subjetivo. Pero Txetxu era un futbolista elegante. De esos que juguetean con un rival y que le cambian el ritmo al antojo sin descompasar el gesto.

También tenía orgullo. La grada se lo recordaba varias veces porque igual que pasa con el resto de futbolistas con magia en la tribuna no hay grises y comparten espacio el que perdona todo con el que critica todo. Más de uno de los que le azuzaron desde la banda se llevó una mirada de esas que afectan hasta el día siguiente. Pasó también por poco dado a los árbitros, aunque no era de cruzadas y sí puede decirse que había alguno que le tenía enfilado.

El fútbol como rojiblanco, el único equipo que conoció, le dio 17 temporadas —le quitó la 18 que tenía firmada y es la que le hubiese hecho campeón de Liga— y dos lesiones de cierta importancia. Tuvo un problema de clavícula que le obligó a estar tres meses escayolado y después jugó atormentado por una lesión en el tendón de Aquiles que le llevó a visitar varios especialistas.

Después de jugar infiltrado viajó hasta Colonia para visitar a un especialista alemán, que tenía reputación por tratar a jugadores de la Bundesliga y otros atletas destacados del país germano, y regresó a casa con la recomendación de pasar un mes de reposo, sin apenas movimiento. Lo hizo. Aquello no mejoró y cambió Alemania por Francia. Esta vez visitó un centro médico de Toulouse, de donde volvió con más de una sesión de acupuntura. No le fue mal porque le permitió continuar carrera hasta que en 1982 el club y él decidieron recortar el año de contrato que tenía con la entidad.

Txetxu tuvo partido homenaje en San Mamés. El club consiguió que enfrente estuviera la selección de Inglaterra, que ese mismo verano jugaría en La Catedral la fase de grupos del Mundial. Inglaterra no jugaba partidos ante clubes, pero rompió esa norma para el homenaje a Rojo, que disfrutó de un día especial. Poco después de la retirada, el exfutbolista abrió una tienda de deportes en Las Arenas en las que hubo colas para comprar alguna de las camisetas réplica de los equipos mundialistas a los que les había tocado jugar la fase de grupos en Bilbao: Inglaterra, Francia, Checoslovaquia y Kuwait. Y, de paso, quizá por allí se podía ver a Txetxu.

En sus tiempos de futbolista no perdonó una siesta. Dormir bien era una de las claves del éxito. Entrenar bien, dormir bien y cuidar la alimentación formaban su ideario de futbolista, que luego llevó al extremo cuando fue entrenador.

En Bilbao dirigió dos veces, aunque sus mejores éxitos llegaron fuera de la ciudad. De técnico fue muy querido en Vigo y Zaragoza tanto por aficionados como por futbolistas. Como ya dijimos, en sus tiempos del Celta el club negó un extraeconómico al recién fichado Cañizares, que necesitaba el dinero para un asunto familiar, y Txetxu no tuvo reparo en hacerle un préstamo.

En su segunda etapa en el Athletic, no pudo pasar por alto el excesivo relajo de un par de sus futbolistas después de haber terminado un partido en Santander: con el equipo lejos del objetivo marcado, alguno estuvo hablando más de la cuenta de qué haría al llegar de vuelta con el autobús. Y eso encendió a Txetxu que se puso de los nervios y tuvo un enfrentamiento en mitad del vestuario. No concebía que nadie estuviera con cuerpo festivo después de perder un partido, por mucho que fuera en la última cita de un curso en el que nada de lo que se hiciese dependía de aquel resultado.

JULEN GUERRERO

En el fútbol de la televisión en color alrededor del Athletic no ha habido ninguna irrupción en el primer equipo de la categoría de Julen Guerrero (7 de enero de 1974). Portugalujo universal de patria y bandera rojiblanca. No cambió de escudo por nada y eso que tuvo mil y una oportunidades para haber hecho carrera en otro equipo y en otras ligas.

Pero no, Julen Guerrero siempre priorizó el Athletic... aunque es igual de cierto que el Athletic no terminó de pagarle con la misma moneda. Su amor y pasión por la entidad con la que en 1995 firmó una ampliación de contrato por 10 temporadas, que había que unir a las dos que ya tenía pactadas, le hizo a la larga más daño que alegría.

En una sociedad que demanda caras nuevas y que muy a menudo busca chispas y cortocircuitos donde no debe, Julen Guerrero vivió en su trayectoria una montaña rusa de sensaciones. Entró en el primer equipo como una aparición mariana y se fue un año antes de terminar su contrato, con lágrimas en una rueda de prensa difícil de olvidar y con los *incordiones* de turno afeando la puesta en escena y el momento. Esperemos que el tiempo, y ya están tardando, sea capaz de reparar ese daño porque Julen Guerrero, sin ganar ningún título, tiene hueco en el olimpo rojiblanco.

Guerrero entró pronto en la escuela de Lezama. Era un diamante en bruto. Los técnicos lo vieron claro y le concedieron liderazgo de una camada que en 1992 ganó la Copa del Rey de juveniles en Los Pajaritos (Soria). El rubio era un centrocampista con llegada, un agitador y creador de peligro con un instinto especial para el remate. Los vídeos del recuerdo no hacen gala de lo que fue. En el campo era más todavía de lo que transmitía la televisión.

Debutó en Segunda A con Blas Ziarreta en el banquillo del Bilbao Athletic y en su primer día hizo un *hat-trick* frente al Compostela. Llegó la pretemporada de verano, Heynckes, recién llegado al club, le llamó y al final del verano se lo quedó como estandarte del cambio que quería para el equipo. Jugaba y hacía jugar. Había nacido un futbolista con imán.

En sus primeras cinco temporadas en Primera División solo bajó una campaña de los 10 goles, que ya dice mucho de cómo era su juego. Apenas necesitó de unos meses para que Clemente le citara a la selección y defendiendo la roja llegó a participar en los Mundiales de Estados Unidos (1994) y Francia (1998). Su entrada en la selección fue igual de apasionante que en el Athletic.

En Bilbao no dejaba de firmar autógrafos tras los entrenamientos de Lezama y en la selección vivió una explosión mediática. Allí donde jugaba España se reunían cientos de adolescentes con fotos de Guerrero en sus carpetas escolares. Igual que un cantante del momento o las *celebrities* que desde 1997 ilustraban las centrales de *Super Pop*.

Julen siempre destacó por un enorme respeto a los hinchas que se desplazaban a Lezama y esperaban en muchas ocasiones horas sujetos a las inclemencias del tiempo junto al aparcamiento de las instalaciones. Sucedió que avisaron a Julen que le estaba esperando un niño de cinco años con una enfermedad terminal, Julen les indicó que mejor le esperaran en el Jantoki (quien no recuerda aquel maravilloso lugar de reunión rojiblanca, de aperitivo y comida de los jugadores), que estaba a reventar de gente e hizo que el niño se encerrara en sí mismo y la firma de autógrafos, fotografías y conocer a su Ídolo quedaron en nada. Eran fechas navideñas, llenas de compromisos, pero Julen demostrando la madera de la que estaba hecho se presentó en Bermeo en casa del niño e hizo que el sueño se convirtiera en realidad.

El efecto Guerrero era imparable. Crecía cada temporada y en esos últimos cinco años de la década de los 90 fueron varias las veces que el futbolista cerró la puerta a las ofertas. El Real Madrid se declaró como el más insistente porque Jorge

Julen Guerrero posa junto a una fotografía
enmarcada de una delantera histórica.

Valdano estaba prendado de su juego. Guerrero escuchó lo que le proponían y lo puso en conocimiento del club, aunque siempre advirtiendo que su idea era la de continuar vistiendo la rojiblanca. «Es un chico honesto», celebró el presidente José María Arrate.

El Barcelona también intentó convencerle y de Italia llamaron a su puerta Lazio e Inter de Milán, que además de compensar el fichaje con una buena cantidad de millones ofrecía al Athletic a Aron Winter (Ajax, Lazio, Inter, Sparta de Rotterdam), no para que jugase con los leones, pero sí para que el club de Ibaigane hiciese negocio con su venta.

El portugalujo cambió de domicilio y se fue a vivir a una casa próxima a las instalaciones de Lezama, donde en más de una ocasión hubo guardia periodística por eso de que a Guerrero lo querían aquí o allá. Después, con los años, esas guardias se debieron al futuro del centrocampista, que con contrato en vigor no disponía de tantos minutos y sus momentos de juego se reducían.

También en aquella época afloraron los rumores de que había perdido apoyos en el vestuario, de que la relación con determinados compañeros estaba deteriorada y de que cuando él estaba en el campo no le pasaban balones. Guerrero respondía con entrenamiento y partidos. Tuvo mucho que contar, pero calló (todavía lo hace) lo que pasaba a su alrededor. Ya dijo Arrate que era un tipo honesto.

La última temporada de su carrera profesional, que se adelantó un año respecto a lo que figuraba en su contrato, fue injusta con una trayectoria de sus características. No jugó más de 500 minutos y solo en cuatro partidos fue titular.

El curso anterior (2004-05) el minutaje fue todavía más reducido y quedó en 226, aunque contribuyó con tres goles que supusieron puntos para los leones. Los habituales de entonces en San Mamés todavía recuerdan una remontada a Osasuna (4-3) con gol de Guerrero a un instante del final cuando solo llevaba 8 minutos sobre el campo. Esa campaña Guerrero consiguió su gol 100 en Primera —colgó las botas con 101— y pudo lucir una camiseta conmemorativa que llevaba tiempo preparada: un 100 sobre un corazón rojiblanco y la palabra Athletic.

El cariño pareciera ser recíproco, y así se lo dejó claro Bielsa cuando en junio de 2013 el argentino era el entrenador del Athletic en el partido conmemorativo de la despedida de San Mamés. Ese día el primer equipo contó con el refuerzo de Iribar, Dani y Guerrero. «Me impresiona lo que le quiere la gente. Es usted muy afortunado», le dijo el rosarino.

Los campeones del mundo Fernando Llorente y Javi Martínez

El Athletic es fuente de jugadores. Tantos como 632 estaban recogidos en la web oficial del club hasta el final de la temporada 2021-22, que es la última campaña completa incluida en este libro. 27 de ellos fueron elegidos para participar en un Mundial y dos han sido campeones: Fernando Llorente (Pamplona, 1985) y Javi Martínez (Ayegi, 1988).

En otro club tendrían un reconocimiento eterno, pero en el Athletic todavía hay muchos que los miran con recelo porque un día decidieron irse de la casa rojiblanca… aunque no por ello perdieran amistades ni relación con compañeros y entorno del club. Pero eso, eso no importa mucho a los aficionados que se quedan con qué escudo defiende cada futbolista en cada momento.

Llorente vivió el Athletic desde niño. Llegó a Lezama con 11 años, procedente de Rincón de Soto, La Rioja, donde era un jugador que llamaba la atención. Los primeros meses los pasó yendo y viniendo cada fin de semana y a partir de los 12 se quedó en Bizkaia. Era todavía un niño. ¿Cómo convencieron a sus padres? En vez de ir a una residencia o a un colegio de estudiantes, el chico fue alojado en la familia Zabala, de Las Arenas, que era una familia con la que Amorrortu, entonces director deportivo, tenía más que una buena amistad. Llorente vivió con los Zabala hasta que años más tarde se trasladó a la residencia de la entidad en Derio. Los Zabala siguen siendo parte importante en la vida de Llorente, que los considera de la familia. Con ellos pasó algún trago desagradable de los que arroja la vida.

Riojano pero nacido en Pamplona, que fue su puerta de entrada al club sin tener que buscar atajos en la filosofía, el de Rincón de Soto tuvo unos inicios complicados en el primer equipo, donde se le acusaba de frío, pero sus últimos años con la rojiblanca fueron espectaculares. Tiró del carro en todo momento, encabezó la lista de goleadores del equipo y se ganó un puesto en la convocatoria de Del Bosque para el Mundial de Sudáfrica (2010) y Eurocopa de Polonia y Ucrania (2012), dos títulos que tiene en el palmarés. Después de ganar la Euro intentó salir del club, pero no hubo acuerdo para la salida porque tampoco ningún club quería pagar su cláusula. Fue un año complicado, de arañazos continuos, que derivó en 2013 con su fichaje como agente libre con la Juventus, donde estuvo tres años antes de navegar sin rumbo fijo por Sevilla, crecer en el Swansea y volver a ser importante en Tottenham. Sus dos últimos equipos en la élite fueron Napoli y Udinese y en ese último

Javi Martínez y Fernando Llorente posan con la Copa del Mundo.

tránsito estuvo dos veces a punto de volver al Athletic. Una fue tan cercana que hasta sus abogados preparaban la documentación fiscal para dar solidez al trato. Se rompió por el miedo de la directiva de Elizegi al qué dirán: jugadores, director deportivo y entrenador estaban encantados con la posibilidad de tenerle otra vez en Lezama.

Javi Martínez entró en el club en 2006, cuando Llorente ya había debutado. Fichó con Fernando Lamikiz (presidente) y Txema Noriega (director deportivo) siendo todavía juvenil de Osasuna, que recibió a cambio los 6 millones de euros que figuraban en su cláusula de rescisión.

Las recomendaciones del fichaje llegaron de todos a los que habían consultado. Y la negociación fue complicada. Txema Noriega pasó largas horas reunido con la familia del futbolista, reticente en dejar volar al niño del hogar. La charla tocó todos los palos posibles y en la misma se alcanzó el compromiso de que Álvaro, hermano de Javi Martínez que había tenido una anterior experiencia en el Bilbao Athletic, fichase por el Sestao para estar cerca del nuevo jugador del Athletic. Lograr el acuerdo requirió que la reunión se fuese más allá de la madrugada. El pacto firmado en julio tuvo un apéndice en septiembre, en cuanto el futbolista cumplió la mayoría de edad.

El mocetón de Ayegi fue presentado en Bilbao un mediodía y esa tarde, tras pasar por Pamplona, viajó en coche hasta Llanos del Hospital, donde el Athletic de Clemente realizaba la primera parte de la pretemporada. El futbolista llegó de noche y no tuvo comité de bienvenida. Su primer contacto serio con Clemente se dio al día siguiente, en el desayuno, cuando el rubio de Barakaldo le lanzó una lindeza por haber elegido a Amorebieta y Llorente como compañeros de mesa. Martínez no estaba en la lista de fichajes que Clemente había pedido a la directiva. Tampoco tuvo oportunidad de conocerle mucho porque esa misma tarde, a causa de unas declaraciones en una rueda de prensa con los periodistas desplazados y algún oscense que había ido a preguntar por las maravillas del escenario y se fue descolocado por lo que escuchó anteriormente, le llamaron a Ibaigane con el propósito de apartarlo del cargo.

El rendimiento de Javi en el Athletic fue exponencial. Un todoterreno que se hizo fuerte en el centro del campo y en el eje de la zaga, que fue el sitio que eligió para él Bielsa en la campaña 2011-12. Hizo una temporada magnífica que provocó que el Bayern se decidiera ir a por su fichaje. El Athletic, entonces en la presidencia de Josu Urrutia, se destacó por no vender a lo que quería y exigir las cláusulas. La de Javi Martínez era de 40 millones y el Bayern recibió ese recado. No hubo apenas más trato, y eso que Heynckes, técnico del Bayern con pasado en Bilbao y con Urrutia como uno de sus futbolistas, trató de acercase al presidente para ver si había opción de negociar la fórmula del pago. Cri-cri-cri... al otro lado del teléfono solo el soniquete de los grillos.

El Bayern decidió en agosto pagar la cláusula sin negociación previa. Javi Martínez lo supo incluso antes de inaugurar en Ayegui, su localidad natal y de residencia familiar, el restaurante Durban, al que da nombre una de las ciudades del Mundial que ganó en 2010. Ese día, rodeado de periodistas ávidos de su futuro, el centrocampista comunicó su decisión a un entrenador, que además de eso era amigo, en una estancia apartada del bullicio de la inauguración. Estaba ya en negociación con el Bayern y solo faltaba el pago, que se haría a finales de agosto. Pero todo estalló a mitad de mes, cuando una publicación alemana soltó que el Bayern pagaría la cláusula de Javi Martínez. En ese momento el Athletic jugaba un amistoso en Lasesarre y en el descanso, advertido del revuelo que había originado el anuncio, Javi Martínez dejó el campo sin ser visto por periodistas y aficionados. El fichaje todavía tardó 12 días más en consumarse.

No fue el último suceso alrededor del fichaje. Las relaciones entre los rectores del club y el futbolista se rompieron. No así con los que fueron sus compañeros. Quedó claro con el incidente vivido en septiembre del mismo verano de su fichaje. Lo contó con claridad el futbolista en su canal de Twitch: «Llamé al club —no voy a decir quién, pero no se portó como creo que se debiera haber portado, y le pregunté si podía ir el domingo al entrenamiento para despedirme y a recoger mis cosas. En ese momento estaba todo revuelto y me dijo que no. No lo entendí. Si solo iba a despedirme de mis compañeros y de toda la gente del club, que habían sido mi puta familia en esos seis años. Entonces le dije para ir a la tarde, cuando volviera del pueblo (Ayegi). Me dijo que tranquilo, que cuando no hubiera nadie, me pasara. Yo volaba el lunes a las 9, y decidí ir de víspera para dormir en Bilbao y coger el vuelo. Llegué a Lezama a las 22.15 horas.

En ese momento eran lo de las obras de Lezama, que Bielsa cogió del cuello al encargado. No funcionaba el timbre de fuera, llamé al delegado y no me cogió. ¿Qué hice entonces? En el equipo conocíamos un sitio por el que nos podíamos meter y presentarnos en el edificio para tocar el timbre. Lo hice. Salió un chico de seguridad, que era nuevo, me reconoció, me dijo que qué hacía allí y le comenté que estaba para recoger del vestuario unas cosas personales. Lo que más quería coger era una foto de mi mejor amigo, que se llamaba Cristian y que murió en un accidente de tráfico cuando yo tenía 19 años. Yo tenía una foto grande en el vestuario de él y yo solo quería coger esa foto, el resto me daba igual. Me abrió la puerta, entré, y me cogí también un iPad, que era mío».

El centrocampista aprovechó para escribir también un mensaje de despedida a sus compañeros en la pizarra del vestuario. Al día siguiente, con el jugador ya de vuelta a los entrenamientos en Múnich, las noticias que llegaban desde Bilbao eran sorprendentes. El club difundió una versión totalmente diferente en la que aseguraba que el navarro saltó la valla de Lezama pasada la medianoche y que con anterioridad ni había comunicado la intención de acudir a las instalaciones ni contaba con permiso para acceder a las mismas.

De Goiko a Alkorta

¿Y el central? La posición de cierre es una de las más solventes a lo largo de los años en el Athletic. Entre porteros y centrales el club tendría motivos para sentirse orgulloso de lo que es capaz de producir. En los tiempos en los que no existía Lezama, que fueron muchos años, lo de los centrales se podía entender por casualidad, pero a partir de la creación de la factoría rojiblanca la proliferación de centrales de solvencia ha sido espectacular. En muchas ocasiones esos futbolistas han sido traspasados o vendidos por el precio de su cláusula porque el individuo estaba por irse (el caso más reciente es el del trasvase de Laporte al City) y el club no se ha resentido ya que en el molde de Lezama hay un ojo especial para el central. Baste como ejemplo lo ocurrido entre 1974 y 1993, cuando el Athletic fue un manantial de defensores con carrera internacional porque todos llegaron a la selección.

Andoni Goikoetxea (Alonsotegi, 1956) tuvo una trayectoria en el primer equipo entre los años 1974 y 1987. Fuerte, poderoso en el juego aéreo y fino en el trato con el balón, que por algo en sus inicios en categorías inferiores jugaba como interior. Goiko integró la alineación titular del último Athletic campeón de Liga y Copa. Fue un futbolista de raza, todavía en muchos domicilios modelo de lo que se pide a un futbolista del Athletic en el campo, que no terminó su vida futbolística vestido de rojiblanco porque en 1987 fichó por el Atlético de Madrid que presidía Jesús Gil, un presidente volcánico y singular.

El Athletic vendió a Goiko por 43 millones de pesetas (20 en un primer pago al contado y el resto en una letra con vencimiento a seis meses) y los derechos federativos de Peio Uralde, que era un delantero que el Atlético había fichado de la Real Sociedad.

Goiko, que fue subcampeón de Europa con la selección española en París y participó en el Mundial de México, estuvo siempre señalado por la lesión de Maradona, al que quebró el tobillo en septiembre de 1983, todavía siendo jugador del Athletic.

El asunto está en su mochila para siempre, aunque tiempo después Goiko y Maradona se sentaron frente a una mesa de café para hablar del asunto y limar asperezas. El apelativo de 'carnicero' que le colgaron en los tabloides británicos no fue de gran ayuda. El suyo fue un caso paradigmático de cómo deberían ser las salidas sin rencores de los clubes: eligió fichar por el Atlético, donde su sueldo se incrementaba notablemente, y no por ello perdió sitio en el panel de importancia del Athletic. Es más, su despedida profesional fue en San Mamés, en un amistoso entre Athletic y Atlético en el que él jugó 16 minutos con el Athletic. En 2018, con el mandato presidencial de Aitor Elizegi, Andoni Goiko se incorporó a la Fundación Athletic.

Contemporáneo de Goiko fue José Ramón Alexanco (1956). Si ya de por sí es de elogio que el Athletic ofrezca tan buenos centrales, que estos sean naturales de Alonsotegi y Arbuio, que comparten núcleo, es reseñable. 'Talín' Alexanco tuvo una corta estancia en el Athletic, equipo en el que se hizo fuerte por la insistencia de Koldo Aguirre, que lo repescó de una cesión al Deportivo Alavés y le convirtió en emblema de la defensa en la temporada del casi en el 77, cuando los leones quedaron subcampeones de UEFA y de Copa.

Alexanco dejó el club en 1980 rumbo al Barcelona, que veía en el vizcaíno un seguro para su defensa. El club azulgrana pagó entonces 100 millones de pesetas, que podía considerarse una burrada para un central. Durante un tiempo lideró el *ranking* de fichajes más caros de jugadores españoles entre clubes de la Liga. Ese mismo verano el Barcelona fichó a Quini, delantero, por 80 millones de euros. La venta no fue fácil para la directiva, que tuvo que tragarse más de una crítica. La primera semana de junio de 1980, cuando la operación ya estaba hecha, la directiva del club recibió una bronca durante la disputa en San Mamés de un partido de juveniles entre Athletic y Zaragoza.

Alexanco no alcanzó los 120 partidos con la camiseta del Athletic y sus mejores años de fútbol los tuvo en Barcelona, donde coincidió con el *dream team* de Cruyff. Dejó el fútbol en 1993 con 400 partidos oficiales en el Barcelona y 17 títulos.

El encadenado de centrales alcanza después a Genar Andrinua (1964), que es el único de todos los mencionados que completó su carrera en el Athletic, club en el que años después se integró en la junta directiva, rememorando los incunables del fútbol tipo Juan Astorquia: jugador, capitán y presidente. Genar se quedó en directivo, aunque tuvo propuestas

Goiko se dispone a celebrar uno de sus goles en San Mamés.

en más de una oportunidad para encabezar una candidatura a la presidencia. Andrinua se incorporó al juvenil del Athletic procedente del Romo y su ascenso fue meteórico porque en sus primeros años senior fue titular indiscutible en un Bilbao Athletic que ascendió a Segunda A. Es campeón de Liga 83-84, ese curso y el siguiente jugó dos partidos de liga a las órdenes de Clemente, y después salió cedido al Valladolid, donde se convirtió en indiscutible.

El regreso a Bilbao fue igual de satisfactorio. En el mismo camino de Alexanco y Goiko tuvo incidencia internacional (28 partidos y 2 goles con España) y participó como titular en la Eurocopa de 1988 y el Mundial de 1990. En su rango de capitán y futbolista reconocido en el vestuario tomó parte junto a Iribar, Dani y Guerrero del partido conmemorativo en la despedida del viejo San Mamés. En su currículum de rojiblanco aparecen 356 partidos y 21 goles, que en esta nómina de centrales solo son superados por los 369 partidos y 44 goles que hizo Goiko.

El póker lo cierra Rafa Alkorta (1968) que jugó en varias ocasiones al lado de Andrinua, aunque muchas de esas veces lo hizo como lateral. Alkorta tuvo dos etapas en el Athletic (1988-1993 y 1999-2002) con un paso intermedio de títulos en el Real Madrid. El bilbaíno fichó por el club del Bernabéu dejando en la caja del Athletic 350 millones de pesetas.

Si el traspaso de Alexanco se tradujo en una bronca hacia la directiva en un partido de juveniles, el de Alkorta terminó en una brutal tomatada al presidente Lertxundi en San Mamés durante la presentación del equipo para la siguiente temporada al más puro estilo Buñol. El 'caso Alkorta' se había encendido días antes con pintadas en Ibaigane y zarandeo del coche del presidente al abandonar el club tras una rueda de prensa.

¿Acciones coordinadas para acelerar un cambio de junta directiva? Queda patente que aquella operación —necesaria para un club que se desangraba económicamente y en el que los socios se negaban a una subida de cuotas— cambió el paso en las batallas electorales y Lertxundi lo acusó meses después. La sustancia del traspaso mantiene la diferencia entre las partes. Alkorta insiste en que lo vendieron y los que entonces regían el club matizan que no se vende al que no se quiere ir. El caso es que el central salió y con el tiempo tuvo ocasión de una segunda ventana como león. Perteneciendo al Athletic disputó el Mundial de 1990, el mismo que Andrinua, y con el Real Madrid los de 1994 y 1998 además de la Eurocopa de 1996.

Este libro, por encomienda de la editorial Almuzara, se terminó de imprimir el 24 de marzo de 2023. Tal día, de 1940, el Athletic ganaba 4-0 al Espanyol con goles de Gárate (2), Gorostiza y Unamuno.